Köln

Früher und Heute

Köln
Früher und Heute

Inhalt

Einleitung

„Das gibt es nur in Köln am Rhein …" Wilhelm „Willi" Ostermann, einer der populärsten Kölner Liedermacher, hat es zu seiner Schaffenszeit mit einem einzigen Refrain auf den Punkt gebracht: Köln ist in jeder Hinsicht einzigartig. Auch wenn der 1936 verstorbene Karnevalist nur einen Ausschnitt der über 2000-jährigen Geschichte der Stadt miterleben durfte, prägnanter hat noch niemand Köln beschrieben.

Dabei gibt es soviel zu erzählen: Historiker beginnen im Jahr 50 nach Christus mit ihren Ausführungen, als Agrippina, die Gattin des römischen Kaisers Claudius, die „Oppidum Ubiorum" zur Stadt erheben lässt. Und sie berichten über das Mittelalter, die Grundsteinlegung des Kölner Doms am 15. August 1248 und über dessen Vollendung im Jahr 1880. Sie erwähnen, dass Köln im Mittelalter als Hansestadt eine wichtige Rolle einnimmt, gar zur größten Stadt Deutschlands wird und 1360 die Messerechte erhält, 1388 die Gründung der Universität erfolgt und sich 1396 die Zünfte eine eigene Verfassung mit Bürgermeister und Stadtrat geben. Die Besetzung durch französische Revolutionstruppen im ausgehenden 18. Jahrhundert findet in ihren Ausführungen ebenso Erwähnung wie der erste Rosenmontagszug 1823. Die Stadtgeschichte gipfelt schließlich in der Tatsache, dass der Zweite Weltkrieg 90 Prozent der Stadt zerstört und der Wiederaufbau und die Entwicklung zur modernen Metropole mit heute knapp einer Million Einwohnern stattgefunden haben.

Kunsthistoriker betonen, dass Köln eine Stadt der Kirchen ist, denn wie in keiner anderen deutschen Stadt befinden sich hier auf engstem Raum zwölf große romanische Stifts- und Klosterkirchen, die zu den bedeutendsten Westeuropas zählen. Und auch der Befund, dass Köln eine Stadt der Kunst und Kultur ist, spiegelt sich in vielen Veranstaltungen und Messen wider.

Karnevalisten können sich damit rühmen, dass ihre Sessionen und Umzüge mit jährlich mehr als zwei Millionen Gästen die größten Veranstaltungen in der Stadt sind. Und Bierbrauer lassen mit Stolz verlauten, dass „ihr" Kölsch nur im Umkreis von 40 Kilometern um die Stadt herum gebraut werden darf, „man den Dom also noch sehen müsse". Schaufensterbummler stellen fest, dass Breite Straße und Schildergasse unter Deutschlands Einkaufsmeilen bundesweit führend sind.

Ein jeder Kölnbesucher wird staunen über die Art und Weise, wie in der Stadt Antike, Mittelalter und Moderne aufeinander treffen – und wie rasch sich Köln immer wieder wandelt. Vor Ort kann man ein Köln erleben, wie es früher war und heute lebt. Denn Köln ist weniger eine Stadt, Köln ist ein Lebensgefühl. Das wissen die Einheimischen, und das wird auch jedem Besucher klar. Denn Köln hat nicht nur eine eigene Sprache und ein eigenes Bier. Köln hat vieles, das es so nur in Köln gibt: Kirchen, Kultur und Karneval sind nur ein Teil davon.

Am eindrucksvollsten lassen sich die Geschichten vom den Veränderungen der Stadt durch packende Bilder erzählen. 70 Bildpaare in diesem Band dokumentieren Wandel und Kontinuität, machen Kölner Stadtgeschichte lebendig und bieten Stoff zum Nachdenken über die Zukunft. Die eindeutige Sprache, die die einzelnen Bildpaare in ihrem Nebeneinander sprechen, ermöglicht den Blick auf eine verborgene Vergangenheit und lässt die Gegenwart in einem neuen Licht erscheinen. Entdecken Sie Köln, wie es vielfältiger und bemerkenswerter nicht sein könnte – früher und heute.

Ein Buch, das nachdenklich macht – Bilder, die uns die Augen öffnen.

Monumental Die dreischiffige Basilika St. Aposteln am Neumarkt ist eine der zwölf großen romanischen Kirchen in Köln.

Meisterwerk der Baukunst Das Gewölbe im Chorumgang des Kölner Doms beeindruckt nicht nur durch seine filigranen Kreuzrippen: Mit einer Höhe von 43,35 Metern besitzt das Gotteshaus das zweithöchste Gewölbe der Welt.

Rund öm de Dom

Markante Silhouette Auch wenn er bei weitem noch nicht so lange steht, wie die Ursprünge des heutigen Stadtteils Altstadt-Nord in die Geschichte zurückreichen, so ist der Kölner Dom Mittelpunkt und Wahrzeichen der Rheinmetropole. Bereits vor dem Jahre 50 n. Chr., als die Stadt zur Colonia Claudia Ara Agrippinensium, zur römischen Kolonie, erhoben wird, existiert hier eine erste Siedlung. Doch nicht nur der gotische Dom, der bei den meist vom nahegelegenen Hauptbahnhof aus startenden Sightseeing-Touren als Erstes ins Auge fällt, sondern auch zahlreiche weitere Gotteshäuser wie Groß St. Martin und andere prächtige romanische Bauwerke ziehen die Aufmerksamkeit auf sich.

Dom und Innenstadt

Eine kriegsversehrte Stadt kommt wieder auf die Beine

1945 Die viertgrößte Stadt Deutschlands, sowohl der Einwohnerzahl als auch der Fläche nach, hat es im Zweiten Weltkrieg schwer getroffen. Der Blick auf die kriegszerstörte Innenstadt und den Dom offenbart das Ausmaß der Zerstörung, nachdem britische und amerikanische Flächenbombardements über Köln hernieder gegangen waren. 90 Prozent der bebauten Fläche war zerstört und die Einwohnerzahl sank von ehemals 800 000 auf 104 000. Wie durch ein Wunder blieb der Dom von gravierenden Treffern verschont. Es dauerte jedoch eine ganze Weile, bis sich die Stadt von der Zerstörung wieder erholte: Erst 1959 hatte Kölns Einwohnerzahl wieder die Vorkriegsmarke erreicht. Inzwischen ist die Stadt dabei, wieder die Millionenmarke zu knacken, die sie vor der Ausgliederung des einstigen Stadtteils Wesseling im Jahr 1976 schon einmal erreicht hatte.

Pracht und Fülle Nach der Zeit des Wiederaufbaus und mit der zunehmenden Urbanisierung hat sich in der Kölner Innenstadt vieles verändert. Immer noch überragt der Dom, das Wahrzeichen Kölns, das eigentlich korrekt „hohe Domkirche St. Peter und Maria" heißt, die meisten anderen Gebäude der Stadt. Der erste bekannte Kirchenbau am Standort des heutigen Doms war der 870 vollendete karolingische Dom. An seiner Statt wurde ab 1248 mit dem Bau eines neuen Domgebäudes begonnen, der den alten, zu klein gewordenen karolingischen Dom ersetzen sollte. In mehr als 600 Jahren Bauzeit erhielt das eindrucksvolle Bauwerk seine heutige Gestalt. Mit fast 160 Metern Höhe ist der Sakralbau die zweithöchste Kirche Deutschlands und die dritthöchste der Welt. Seit 1996 gehört der Kölner Dom zum Weltkulturerbe der UNESCO.

Der Dom

Die ewige Baustelle

1855 Der Blick über den Rhein hin zum Kölner Dom zeigt den halb fertigen Dombau, mit dessen Errichtung bereits im Jahr 1248 begonnen worden war. Die Weihe des Chors erfolgte im Jahr 1322. Um 1510 jedoch wurde der Weiterbau wegen finanzieller Engpässe und Desinteresse eingestellt, sodass der unfertige Bau über 300 Jahre lang die Silhouette der Stadt prägte. Bis 1868 stand auf dem unvollendeten Südturm sogar noch ein durch Treträder angetriebener Baukran aus dem 15. Jahrhundert. Erst am 4. September 1842 wurden die Bauarbeiten fortgesetzt und bis zum Jahr 1880 wurde die imposante Kirche schließlich fertiggestellt. Die römisch-katholische Kathedrale des Erzbistums Köln heißt offiziell „Hohe Domkirche St. Peter und Maria" nach ihren Schutzheiligen, dem Apostel Petrus und Maria, der Mutter Jesu Christi. Neben dem Dom auf der linken Seite prägt die Kirche Groß St. Martin die Silhouette der Stadt.

Weltkulturerbe 1996 wurde die mit 157 Meter Höhe nach dem Ulmer Münster zweithöchste Kirche Deutschlands in die Liste des Weltkulturerbes aufgenommen. Als kunsthistorisch bedeutsam gilt die hervorragende Harmonisierung aller Bauelemente und des mittelalterlich-gotischen Schmuckwerks. Das Gebäude hat eine architektonisch einmalige Westfassade mit einer Fläche von 7100 Quadratmetern. Auch heute noch wird am Dom gebaut, um das immer wieder von Umweltschäden betroffene Bauwerk zu sanieren. Für den Erhalt sind die Dombauverwaltung und die Dombauhütte des Metropolitankapitels der Hohen Domkirche zuständig. Steinmetze und Bildhauer, aber auch Dachdecker, Gerüstbauer, Schreiner, Maler, Elektriker sowie ein Schlosser und ein Schmied, Glasrestauratoren, Glasmaler und Kunstglaser sind mit der Konservierung und ständigen Restaurierung des prächtigen Doms, der mit jährlich sechs Millionen Besuchern aus aller Welt als populärste Sehenswürdigkeit Deutschlands gilt, beschäftigt.

HOTEL
JAN VON WERTH

Domspitzen

Von der baulichen Vollendung bis zur Instandhaltung

1881 Zu der Zeit, als am 18. Oktober 1880 in der Kreuzblume auf der Spitze des Südturms der letzte Stein des Dombaus gesetzt wurde, war der Kölner Dom vier Jahre lang das höchste Bauwerk der Welt. Jahrhunderte waren seit der Grundsteinlegung im Jahr 1248 vergangen, bis die beiden Domtürme von ihren Fundamenten bis in die Helmspitzen auf über 157 Meter emporgewachsen waren. Erst um die Wende zum 19. Jahrhundert hatten die Romantiker die Begeisterung für den unvollendeten Kölner Dom wieder entfacht. Die Verfechter der Domvollendung bündelten alle zur Verfügung stehenden Kräfte, damit 1842 mit dem Weiterbau begonnen werden konnte. Knapp die Hälfte des hierzu nötigen Geldes stammte aus der preußischen Staatskasse, den Rest steuerte der Zentral-Dombau-Verein hinzu, zu dem sich eine Gruppe von Kölner Bürgern zusammengeschlossen hatte. „... Hier, wo der Grundstein liegt, dort mit jenen Türmen zugleich, sollen sich die schönsten Tore der ganzen Welt erheben ..." war auf dem Gedenkstein zu lesen, den der preußische König Friedrich Wilhelm IV. (1795–1861) am 4. September 1842 mit Beginn des Wiederaufbaus auf dem noch unvollendeten Südturm einmauern ließ.

Ausbesserung von Witterungsschäden Auch wenn der Dom bei der Bombardierung der Stadt von insgesamt 70 Bomben getroffen wurde, überstand er den Zweiten Weltkrieg. Allerdings konnte er nach den nötigen Wiederherstellungsarbeiten erst im Jahre 1956 abermals seiner Bestimmung übergeben werden. Als Gesamtkosten aller bisherigen Bauarbeiten haben Statistiker einen heutigen Wert von rund 10 Milliarden Euro errechnet. Inzwischen machen dem Bauwerk in erster Linie Witterung und Umweltbelastungen zu schaffen, deren Folgen fortwährend behoben werden müssen. Der Kölner Dom, der als drittgrößte Kirche der Welt 20 000 Menschen Platz bietet, ist heute die populärste Sehenswürdigkeit Deutschlands und wurde 1996 in die Liste des Weltkulturerbes aufgenommen.

Domplatte

Vom Ort der Niederlage zum Ort der Begegnung

Frühjahr 1945 Zum Ende des Zweiten Weltkriegs 1945 glich Köln einer Trümmerwüste. Die Bombenteppiche, die die Stadt von 1942 bis 1945 überzogen hatten, zerstörten rund 90 Prozent der Innenstadt. Allein 70 Bomben trafen den Kölner Dom und entsprechend groß waren die Schäden auch in unmittelbarer Umgebung. Beim Wiederaufbau Kölns wurde die mittelalterliche Architektur behutsam mit modernem Bauen und dem Konzept einer autogerechten Stadt kombiniert. So änderte sich bis tief in die 1960er-Jahre trotz Kriegszerstörungen und zunehmenden Auto- und Fußgängerverkehrs in direkter Domnachbarschaft architektonisch kaum etwas – bis sich die Stadt Köln für die neue Domplattenlösung entschied: mit Treppenanlage und Kiosken für die Fußgänger und einer Art offenem Tunnel mit vier Spuren unter der Domplatte.

Beliebtester Ort Deutschlands Dass sich aus dem damaligen Entwurf des Architekten Fritz Schaller (1904–2002) im Jahr 2006 die Domplatte zum laut Umfragen beliebtesten Ort in Deutschland entwickelt, hätten sich die Kölner Stadtväter wohl selbst in ihren kühnsten Träumen nicht vorstellen können. Heute gilt die durch einen im Jahr 2005 fertiggestellten Umbau und eine auf insgesamt 8500 Quadratmeter angewachsene Fläche als einer der am stärksten frequentierten Plätze der Rheinmetropole. Für Touristen ist sie ein „Muss", auch weil man von hier direkt zum Hauptbahnhof gelangt. Für Einheimische ist die Domplatte mittlerweile ein Ort der Begegnung der Menschen aller Völker, Gesinnungen und Generationen: ein voller Leben steckendes „Fleckchen Erde", das seinesgleichen sucht. Jeder, der schon einmal über die Domplatte geschlendert ist oder in den Sommermonaten die bunte Mischung unzähliger Jongleure, Pflastermaler, Straßenmusiker und Skater bei ihrem Treiben aufmerksam beobachtet hat, wird bestätigen, dass hier ein eigenes, fast mediterran anmutendes Flair herrscht.

Domplatz und Hotel Ernst

Zeitenwende rund um die feine Adresse der Stadt

Ende der 1920er-Jahre „Einem geehrten hiesigen und auswärtigen Publikum beehre ich mich hiermit anzuzeigen, dass ich mit dem heutigen Tage mein Hotel eröffnet habe. Carl Ernst" – mit diesem Anzeigentext in einer Kölner Tageszeitung am 16. Mai 1863 machte der Erbauer und Besitzer Carl Ernst, „Königlicher Hofrestaurateur am Zentralbahnhof", auf ein gesellschaftliches Ereignis aufmerksam, das zunächst noch den Namen „Hotel Ernst" trug. Schon damals beherbergte das luxuriöse Domizil im Herzen von Köln, direkt gegenüber dem Dom, so berühmte Gäste wie den deutschen Kaiser Wilhelm I. (1797–1888). Um den hohen Ansprüchen der illustren Hotelgäste aus Politik, Adel und Industrie gerecht zu werden, wurde das Hotel Ernst in einer Rekordzeit von nur zwei Jahren im Zeitraum zwischen 1908 und 1910 abgerissen und als Fünf-Sterne-Grandhotel „Excelsior Hotel Ernst" wiedererrichtet. Den Hotelgästen wurde etwas für diese Zeit vollkommen Neues geboten: Von den insgesamt 250 Zimmern hatten 100 ein privates Bad. Nach Ende des Ersten Weltkriegs wurde das Hotel am Domplatz zum Hauptquartier der britischen Besatzungsmacht und musste erneut renoviert werden. Diese Baumaßnahmen hielten bis zum Zweiten Weltkrieg stand. Während dessen Verlauf jedoch machten die Bomben der Alliierten auch vor dem Domplatz und der Luxusherberge nicht Halt.

Sprung ins 21. Jahrhundert Die Zeit der Kopfsteinpflaster, der alten Straßenbahnen und Personenomnibusse gehört heute längst der Vergangenheit an. Mittlerweile führt eine viel befahrene asphaltierte Straße am Luxushotel vorbei, die bauliche Umgebung hat sich im Lauf der Jahrzehnte der Zeit angepasst. Und auch das Hotel Ernst hat sich verändert: In den 1970er- und 1980er-Jahren wurde es erneut renoviert, modernisiert, umgebaut und erweitert. Mittlerweile zählt das Fünf-Sterne-Hotel wieder zu den allerfeinsten Adressen der Rheinmetropole und ist für Einheimische so etwas wie „die gute Stube der Stadt". Was im Hotelprospekt als ein „elegantes Refugium im Zentrum, in dem Traditionen gepflegt werden und in dem das Wort Gastlichkeit oberste Priorität genießt" beschrieben wird, erweist sich als Luxus pur: Carraramarmor, prunkvolle Bilder und das spiralförmige große Treppenhaus mit seiner imposanten Glaskuppel sind nur einige der vielen architektonischen Highlights des heutigen Fünf-Sterne-Hauses mit seinen insgesamt 152 Zimmern und 31 Suiten.

Rosenmontagszug

Kölle Alaaf auf neuen Wegen

1972 Mit dem traditionellen Rosenmontagszug durch die Kölner Innenstadt vorbei am Dom, dem Wahrzeichen der Stadt, erreicht der Karneval im Rheinland seinen Höhepunkt. „Wir sind alle kleine Sünderlein" lautete 1972 das Motto der Veranstaltung, bei der jedes Jahr mehr als 1 Million Zuschauer die Stadt in einen fröhlich feiernden Ausnahmezustand versetzen. Unter einem jährlich wechselnden Thema werden auf den Festwagen Ereignisse des vergangenen Jahres auf satirische Weise dargestellt. Die Läden haben geschlossen und fast alle Kölner haben frei. Karneval in Köln wird schon seit der Zeit der Stadtgründung 50 n. Chr. gefeiert. In seiner organisierten Form besteht der Kölner Karneval allerdings erst seit etwa 180 Jahren. 1823 wurde ein „Festordnendes Komitee", das spätere Festkomitee Kölner Karneval, gegründet, das auch den Zug in seiner jetzigen Form organisiert. Zugelassen werden nur Mitglieder sowie eingeladene Vereine.

„Mir all sin Kölle" ... lautet, angelehnt an die Schlagzeile „Wir sind Papst" zur Wahl des Deutschen Joseph Ratzinger zum Papst Benedikt XVI. rund zwei Jahre zuvor, 2007 das Motto, wenn es wieder heißt „D'r Zoch kütt". Etwas bunter und kostümierter geht es heute zu, jedoch nicht weniger satirisch. Für die Kölner und die 10 000 Teilnehmer mit ihren Festwagen, die die umstehenden Narren mit „Kamelle" versorgen, ist der Zug das wichtigste Ereignis im ganzen Jahr. Seit dem Jahr 1823 führt der Umzug durch die Stadt am Rhein, wenngleich sich der Verlauf mit den Jahren mehrmals geändert hat. Traditionsgemäß beginnt heute der 6 Kilometer lange Weg am Chlodwigplatz im Süden Kölns und endet an der Mohrenstraße.

Museum Ludwig

Bau im Kontrast zwischen Gotik und Moderne

1982 Am Rheinufer vor der Ostseite des Kölner Doms entstand in den 1980er-Jahren ein ambitionierter neuer Museumsbau. Die Schenkung des Ehepaars Irene und Peter Ludwig und die Expressionismusbestände des Wallraf-Richartz-Museums hatten es 1976 möglich gemacht, in Köln ein hochrangiges Museum für Kunstwerke von der Klassischen Moderne bis zur zeitgenössischen Kunst zu gründen – das Museum Ludwig. In das Museumsgebäude, das 1986 eröffnet wurde, zogen neben dem Museum Ludwig auch das Wallraf-Richartz-Museum und die Philharmonie ein.

Nur für Gegenwartskunst In seinem neuen Gebäude, gleich neben dem Kölner Dom, stieß das Museum schnell an seine räumlichen Grenzen, und man entschloss sich, den Museumsbau ausschließlich der Kunst des 20. und 21. Jahrhunderts zu widmen. Bereits im Jahre 2001 bezog so das Wallraf-Richartz-Museum einen neuen Museumsbau zwischen Rathaus und Gürzenich. Heute beherbergt das Museum Ludwig die drittgrößte Picassosammlung der Welt, die größte Pop-Art-Sammlung außerhalb der USA sowie einen unfangreichen Bestand an Kunstwerken der russischen Avantgarde. Seine eigenwillige Architektur setzt mit ihren gestaffelten Gebäudesegmenten die West-Ost-Achse des Doms fort. Besonders von der Dachterrasse des Museums aus bieten sich einzigartige Ausblicke auf das städtebauliche Spannungsfeld zwischen Gotik und Moderne.

Hauptbahnhof

Aus alt mach neu

Um 1900 Auf der historischen Farblithografie ist der imposante Kölner Hauptbahnhof mit seinem beeindruckenden Portal kurz nach seiner Fertigstellung 1894 zu sehen. Der neue Hauptbahnhof ersetzte den ehemaligen Centralbahnhof, dessen Kapazität angesichts des zunehmenden Eisenbahnverkehrs erschöpft war. Die Mittelhalle der großen, dreigeteilten Bahnsteighalle hatte mit 64 Metern die größte Spannweite ihrer Zeit. Wie der stolze Turm mit der Bahnhofsuhr war auch die Kuppel der Halle weithin sichtbar. In der großen Halle, die sich über eine Länge von 255 Metern erstreckte, hatte man einen zweistöckigen Wartesaal errichtet. Die Gleise der Mittelhalle waren von hier aus für die Reisenden bequem und trockenen Fußes erreichbar. Da man aber schon bald alle Gleise für den Durchgangsverkehr nutzen wollte, wurde das Wartesaalgebäude in der Mittelhalle abgerissen und die Fläche für den Schienenverkehr ausgebaut.

Nach zahlreichen Umbauten Ein völlig anderes Gesicht zeigt der Kölner Hauptbahnhof heute. Kaum etwas ist von der alten Bausubstanz übrig geblieben. Nach der weitgehenden Zerstörung im Zweiten Weltkrieg wurde zunächst im Jahr 1953 der westliche Langbau ersetzt. In einem modernen Gebäude wurden die Gepäckabfertigung und ein Hotel untergebracht. Das alte Empfangsgebäude wurde 1955 abgerissen. Zwei Jahre später eröffnete man die neue Eingangshalle. Bis zum Ende der 1990er-Jahre wurde auch die Bahnsteigüberdachung vor der Halle und zwischen Bahnhofs- und Eingangshalle neu gebaut. Nur die ehemaligen Wartesäle der ersten und zweiten Klasse haben den Zweiten Weltkrieg und die Umbauten überlebt und werden heute als Restaurant und Veranstaltungsort genutzt. Heute ist der Kölner Hauptbahnhof, einer der zentralen Knotenpunkte des europäischen Eisenbahnnetzes, nach einer langen Umbauphase weitgehend fertiggestellt. Der Bahnhof liegt zentral inmitten der Altstadt in unmittelbarer Nachbarschaft zu Dom und Rheinufer. Über die Hohenzollernbrücke ist er mit dem Bahnhof Köln Messe/Deutz auf der anderen Rheinseite verbunden.

Hauptpost

Veränderung in der Straße „An den Dominikanern"

1930er-Jahre „Hauppossamp" – so nennen die Kölner das große, im neugotischen Stil errichtete Gebäude in der Straße „An den Dominikanern", wo einst eines der bedeutendsten Klöster der ehemals Freien Reichsstadt Köln ansässig war. Hals über Kopf und binnen zweier Stunden hatten die Dominikanermönche einst am 17. Juni 1799 ihr Kloster auf Geheiß der französischen Militärverwaltung räumen und Platz für 1500 Soldaten machen müssen. Auf den noch vorhandenen Grundmauern und Grabstätten der 1880 abgerissenen, ehemaligen Klosterkirche der Dominikaner entstand in den Jahren zwischen 1889 und 1892 das Gebäude der Reichshauptpost. Nicht nur im wörtlichen Sinne, sondern auch bildlich gesehen rückte jedoch 1931 das Gebäude, nun Sitz der Darmstädter und Nationalbank, kurz Danatbank, in den Mittelpunkt des Geschehens: Die zweitgrößte deutsche Bank war am 13. Juli zahlungsunfähig. Ein an den vor der Pleite stehenden Nordwolle-Konzern ausgezahlter Großkredit und die durch Inflation und Wirtschaftskrise ausgelöste Kapitalflucht ausländischer Anleger brachten das Geldinstitut ins Straucheln. Alle Schalter und Börsen blieben zwei Tage lang geschlossen, Barauszahlungen waren bis zum 5. August nur beschränkt möglich und Deutschland hatte seinen ersten Banken-Skandal.

Hauptpost weicht Fielen seinerzeit die Klostergemäuer noch der Spitzhacke zum Opfer, waren es 1945 die Bomben des Zweiten Weltkriegs, die das Gebäude vollständig zerstörten. 1948 errichtete abermals die Post an gleicher Stelle ein Gebäude – zwar nach dem gründerzeitlichen Vorbild, jedoch bedeutend schlichter. Im Jahr 1998 muss jedoch das Postamt aus wirtschaftlichen Gründen schließen. Sehr zum Bedauern der Bevölkerung. Diesmal sorgt die Abrissbirne dafür, dass Platz für etwas Neues geschaffen wird: Anstelle des ehemaligen Postgebäudes entstehen eine zehnstöckige Hotelanlage, eine Senioren-Residenz und zahlreiche Einzelhandelsgeschäfte. Damit ist der vierte größere Wandel innerhalb von zwei Jahrhunderten vollzogen, und in der Straße „An den Dominikanern" sieht man gespannt der Zukunft entgegen.

St. Andreas

Die Kirche erhält freie Sicht

Um 1810 St. Andreas ist eine der zwölf großen romanischen Kirchen Kölns. Im Stadtteil Altstadt-Nord gelegen, ist sie nur wenige Gehminuten vom Kölner Dom entfernt. Das Äußere der dreischiffigen Pfeilerbasilika, deren Anfänge bis in die zweite Hälfte des 10. Jahrhunderts zurückreichen, ist durch einen bemerkenswerten architektonischen Kontrast von Stilelementen der rheinischen Spätromanik und der französischen Hochgotik geprägt. Ihre wahren Schätze allerdings offenbaren sich in ihrem Inneren: der sogenannte Blutbrunnen der heiligen Ursula, über den das Blut der Heiligen und ihrer Gefährtinnen bei deren Märtyrertod geflossen sein soll, der Makkabäer-Schrein, Reste mittelalterlicher Wandmalereien und die um 1500 vom Meister von St. Severin gemalte Altartafel der Rosenkranzbruderschaft zählen zu den besonders eindrucksvollen Schätzen der Innengestaltung. Der größte Schatz allerdings ist der römische Sarkophag, in dem der mittelalterliche Dominikanermönch und Universalgelehrte Albertus Magnus (um 1200–1280) bestattet ist.

Baulicher Wandel Inzwischen hat St. Andreas nicht nur eine direkte Straßenverkehrs-, sondern auch eine U-Bahn-Anbindung, und auch sonst hat sich die Kirche verändert: 1842/1843 wurden aufgrund der baulichen Veränderungen der unmittelbaren Umgebung die südöstliche Vorhalle sowie der westlich vorgelagerte Kreuzgang mit den Stiftsgebäuden abgebrochen. Die Dächer zum Vierungsturm wurden 1860 abgewalmt, um die unteren Partien des Turms freizulegen. Nach den Zerstörungen des Zweiten Weltkriegs konnte St. Andreas bereits 1956 komplett wiederhergestellt werden. Seit der Kölner Erzbischof Kardinal Frings (1887–1978) im Jahr 1947 den Dominikanern die Seelsorge übertragen hatte, wirkt hier eine Gemeinschaft von Predigerbrüdern. Auch als Hochzeits- und Taufkirche sowie als Veranstaltungsort für kirchenmusikalische Konzerte erfreut sich St. Andreas heute großer Beliebtheit.

Wallrafplatz

Wandel zur modernen Einkaufsgegend

Um 1925 Am 20. Juli 1823 wurde dem Naturwissenschaftler und Theologen Ferdinand Franz Wallraf (1748–1824) eine Würdigung zuteil, die vor ihm noch kein Kölner erhalten hatte: Die Stadt verlieh ihm die Ehrenbürgerwürde. Nicht ganz ein Jahr später, am 18. März 1824, starb der als Förderer seiner Heimatstadt bekannte Botaniker, Mathematiker und Kunstsammler. Er vermachte der Stadt seine umfangreiche, sowohl aus kunst- als auch geschichtswissenschaftlicher Sicht bedeutende Sammlung, die 1616 Gemälde, 3875 Handzeichnungen, 42 419 druckgrafische Blätter sowie zahlreiche Urkunden, Handschriften, Bücher und Münzen umfasste. Für diese Kunst- und Kulturschätze errichteten die Stadtväter in den Jahren 1855 bis 1861 das Wallrafianum, das heutige Wallraf-Richartz-Museum. Der Platz „An der hohen Schmiede", wo einst das Wohnhaus Wallrafs stand, wurde ihm zu Ehren in „Wallrafplatz" umbenannt. Das Gebäude wurde 1830 abgerissen, um Platz für einen Neubau zu schaffen. Doch zur Neubebauung kam es nicht. Stattdessen blieb der Platz leer, um eine freie Sicht auf den Dom zu schaffen.

Zurück zu altem Charme Ende der 1960er- und Anfang der 1970er-Jahre kennt jeder Fernsehzuschauer im Sendegebiet des WDR den Platz am Ende der Hohe Straße. Die Kinderfernsehreihe „Der Spatz vom Wallrafplatz", in der sich die Marionettenfigur am Wallrafplatz auf Entdeckungsreise begibt, flimmerte ab dem 9. September 1969 in 36 Folgen à 28 Minuten über die deutschen Bildschirme. Inzwischen hat sich der Charakter des Platzes vollständig geändert. Die Gebäude sind fast ausnahmslos in der Nachkriegszeit entstanden. Heute gehört der Platz zu den beliebtesten Einkaufsgegenden der Stadt. Nach seinem Umbau in den letzten Jahren hat der Wallrafplatz trotz der modernen Architektur jedoch viel an Charme zurückgewonnen und präsentiert sich in neuem Glanz.

Hohe Straße

Der Handel im Wandel

Um 1955 Blick in die Hohe Straße, der traditionellen Einkaufsstraße in der Kölner Altstadt. Der geschichtsträchtige Verkehrsweg folgt dem Verlauf der alten römischen Heerstraße. Zu Zeiten der Römer, als der Name der heutigen Straße „cardo maximus" lautete, war sie eine Lagerstraße, an der sich die gut gefüllten Vorratsspeicher der beiden dort stationierten Legionen befanden. Bis zu 12 000 Soldaten lebten hier und mussten versorgt werden. Im Mittelalter wurde aus dem cardo maximus der Steinweg (via lapidea), da die Straße lange Zeit der einzige durchgängig gepflasterte Weg der Stadt war. Außerhalb Kölns setzte sich die Straße nördlich nach Neuss (Novesia) und südlich nach Bonn (Bonna) fort. Im 18. Jahrhundert entwickelte sie sich zu einer Geschäftsstraße, Tabakwarenläden, Bekleidungsgeschäfte, Confiserien und Warenhäuser siedelten sich hier an. Erst in der französischen Zeit des frühen 19. Jahrhunderts erhielt die Hohe Straße ihren heutigen Namen.

Beliebte Fußgängerzone Heute ist die Hohe Straße eine beliebte Fußgängerzone, die seit 1967 für den Autoverkehr gesperrt ist. Wie damals beherrschen auch heute noch Bekleidungsgeschäfte, Boutiquen und Schuhläden das Bild der Einkaufsstraße. Im Lauf der Zeit jedoch sind Hotels, Banken, Fastfood-Imbisse und typisch kölsche Kneipen hinzugekommen, und die meisten herrschaftlichen alten Geschäftsgebäude sind modernen Kaufhäusern und gigantischen Shoppingpalästen gewichen.

Unter Goldschmied

Touristisches Zentrum nach dem Wiederaufbau

1945 Wie viele andere Straßenzüge in der Kölner Innenstadt war auch die Straße Unter Goldschmied von den Luftangriffen auf Köln während des Zweiten Weltkrieges betroffen. Wie andernorts richteten auch hier die niederprasselnden Bomben beträchtliche Schäden an. Auf dem Straßenabschnitt zwischen dem einstigen reichsstädtischen Pranger, der am 7. April 1798 durch die Franzosen abgerissen worden war, und dem mittelalterlichen Gefängnis, das im Jahr 1165 erstmals in den Annalen auftaucht, putzte sich im Nachkriegs-Köln ein Standort heraus, der in erster Linie von den Restaurierungsarbeiten rund um das Neue Rathaus profitierte. Sowohl der neue, lang gestreckte Verwaltungsbau, der hier seine westliche Begrenzung hat, als auch die drei markanten Gebäude, die am südwestliche Eck- und Endpunkt „Obermarspforten/Unter Goldschmied" angesiedelt sind, verdienen eine besondere Erwähnung: Sowohl das Wallraff-Museum als auch das als Firmensitz eines Zigarettenproduzenten erbaute Haus Neuerburg und das Farina-Haus stehen als historische Sehenswürdigkeiten auf nahezu jedem Sightseeing-Programm durch die Kölner Altstadt.

Ruhig und zentral Nach dem Wiederaufbau hat die Straße Unter Goldschmied vor allem touristisch viel zu bieten. So wird beispielsweise das Vier-Sterne-First-Class „Senats Hotel" (links im Bild) aufgrund seiner Nähe zu vielen Sehenswürdigkeiten der Stadt sehr geschätzt. Im Farina-Haus mit seinem Duft-Museum sind drei Jahrhunderte Duft- und Kulturgeschichte, beginnend mit dem Rokoko, ausgestellt. Hier haben auch einige der im Februar 2008 bei Ausgrabungen am Rathausplatz gefundenen Parfumflaschen, die vermutlich bei einem schweren Bombenangriff zwischen 1943 und 1944 verschüttet wurden, ihren Platz gefunden.

Heinzelmännchenbrunnen

Gute Kölner Geister sorgen für eine Sanierung

Um 1950 „Wie war zu Köln es doch vordem mit Heinzelmännchen so bequem! Denn, war man faul, man legte sich hin auf die Bank und pflegte sich: Da kamen bei Nacht, ehe man's gedacht, die Männlein und schwärmten und klappten und lärmten, und rupften und zupften, und hüpften und trabten und putzten und schabten. Und eh ein Faulpelz noch erwacht, war all sein Tagewerk – bereits gemacht!" – diese auf einer Sage basierenden Verse des schlesischen Volksdichters August Kopisch (1799–1853) inspirierten den „Cölner Verschönerungsverein" 1899 zum Motiv des Heinzelmännchenbrunnens, den der Verein zum Anlass seines 100. Geburtstages am heutigen Brauhaus Früh errichten ließ. In der Nachkriegszeit wurde das Blumenbeet um den Brunnen mit Steinplatten zugepflastert und der Brunnenrand größtenteils entfernt, sodass nur noch das Mittelstück mit den Reliefs und Figuren übrig blieb.

Liebevoll restauriert Die Anwohner stifteten für eine umfangreiche Restaurierung und die Erneuerung der durch spielende Kinder und Vandalismus beschädigten Brüstungsteile und die Umrandung wurde nachgefertigt. Auch das umliegende Beet wurde neu gestaltet und mit einem Gitter vor Schäden geschützt. Die liebevolle Bepflanzung und Pflege ruft die Heinzelmännchen wieder in Erinnerung. Inzwischen wird jedoch vermutet, dass sich deren Geschichte nicht auf Köln, sondern auf das Dorf Cölln an der Spree, in dem der Autor wohnte, bezieht. Dennoch ist der Brunnen auch heute noch, über 100 Jahre nach seiner Entstehung, eine der kleinen, aber feinen Sehenswürdigkeiten der Domstadt. Deren Anblick lässt sich im Sommer vor allem mit einem kühlen Kölsch vom Brauhaus Früh aus genießen. Das 1904 eröffnete „Kölner Hofbräu P. Jos. Früh" hat sich bis zum heutigen Tag seinen guten Ruf erhalten.

Unter Taschenmacher

Wiederaufbau und Wachstum in der Nachkriegszeit

1945 Zu Ende des Zweiten Weltkriegs sind am Anwesen Nummer 5 in der Straße Unter Taschenmacher nur noch die Erinnerungen an die vielen erfolgreichen Tage eines traditionsreichen Brauhauses wach: Unter den Trümmern liegen 627 Jahre Bierkultur und -geschichte begraben. „Et Dombräues", wie die renommierte Brauereigaststätte seit 1912 von den Kölnern liebevoll genannt wurde, zählte lange Zeit zu den beliebtesten Treffpunkten der Kölner Bürger in der Altstadt. Der alte Kölner Stil mit seinem ebenso beschaulichen wie gediegenen Ambiente war bis Mitte des 20. Jahrhunderts Symbol des wirtschaftlichen Aufschwungs des altehrwürdigen Traditionsunternehmens. Hier saßen Arbeiter mit Ratsherren und Handwerker mit Beamten gemeinsam am Tisch und ließen sich bei einem frisch gezapften Glas Kölsch mit gutbürgerlicher Küche verwöhnen. Doch schon beim ersten Bombenangriff auf Köln im Jahr 1942 wurde das Gebäude schwer beschädigt und war nicht mehr nutzbar.

Bauliche und wirtschaftliche Entwicklung Das Kriegsgeschehen und die anschließende Mangelwirtschaft erlaubten zunächst nur einen Wiederaufbau in kleinen Schritten. Als Besatzung und Währungsreform es zuließen, entstand hier zunächst ein kleineres Wirtschaftsgebäude, wenig später folgte bereits ein zweistöckiger kleiner Neubau. Nach und nach entwickelte sich die architektonische Gestalt dem wirtschaftlichen Erfolg entsprechend weiter. So ist das Brauhaus in den vergangenen fünf Jahrzehnten auf ein weites Areal angewachsen und bietet gut 600 Gästen Platz. Im Herzen des Komplexes kommt die urgemütliche Braustube mit alten Fassdauben und Hopfensäcken an den Wänden dem Vorkriegsambiente wieder sehr nahe. Das für die Kölner Brauhaus-Historie wichtigste Gebäude hat sich inzwischen nicht nur als Magnet für Kölner und Köln-Besucher etabliert, sondern überbietet in punkto Beliebtheit und Bekanntheitsgrad gar die glorreichen Tage der 1920- und 1930er-Jahre um ein Vielfaches.

Am Bollwerk

Neuer Glanz eines Gastronomiebetriebs

1870er-Jahre Die Geschichte des Gaststättenbetriebs Am Bollwerk geht auf das Jahr 1234 zurück. Spätestens seit 1879, als der Name des Gasthauses „Kunibert der Fiese" in den Kölner Chroniken auftaucht, pilgerten hungrige und durstige Gäste in das hier beheimatete Anwesen „Am Bollwerk 1-5". Das Gasthaus trägt den Namen des einstigen Burggrafen von Nippes, der am 11. Tag im 11. Monat des Jahres 1111 das Licht der Welt erblickt und sich schon in jungen Jahren als fachkundiger Weinkenner in Köln einen Namen gemacht haben soll. Im hochbetagten Alter von 123 Jahren hatte er der Legende zufolge an genau diesem Ort ein Schlösschen errichtet. Nach seinem Tod zogen Jahrhunderte ins Land, bis ein alter Seefahrer namens Hannes erstmals die Weinstube betrat. Wenig später soll er das Gasthaus übernommen und es ehrfürchtig auf den Namen „Kunibert der Fiese" getauft haben. Im Laufe der Jahre wurde es zur Heimstätte der Kölner Boheme, der Künstler, Studenten und Intellektuellen.

Cocktails und mediterrane Küche Inzwischen beherbergen die von Grund auf restaurierten historischen Gebäude im Herzen der Kölner Altstadt ein Hotel, ein Restaurant und eine Cocktailbar. Hell und freundlich, laden die gastronomischen Gebäude am Bollwerk zum Verweilen ein. In den 1870er- und 1880er-Jahren bot die Speisekarte ein „Krüstchen Warm" – reichlich Kartoffeln oder Gurken mit Gulasch oder Kalbsragout – zu 30 Pfennig, ausgeschenkt wurde dazu ein erfrischender „Schoppen Kutscher" – eine halbe Flasche süffiger Moselwein – zum gleichen Preis. Auch wenn die Küche heute mediterraner und die Getränkekarte cocktaillastiger geworden ist, so lässt sich hier auch heute noch ein Hauch von Geschichte genießen.

Rathauskomplex

Pracht am Ende der Komplettsanierung

1972 Wer den Begriff „Kölner Rathaus" hört – ob Einheimischer oder Kunsthistoriker –, hat wohl kaum ein anderes Bild vor Augen als das der Rathauslaube (im Bildvordergrund). Der dem Rathaus vorgelagerte Bau ist in fast jedem bedeutenden kunstgeschichtlichen Lexikon als typisches Beispiel für ein Renaissance-Bauwerk abgebildet. In den Jahren 1569 bis 1573 errichtet, liest sich die Vorgeschichte der Laube im Ratsprotokoll vom 13. Juli 1567 dagegen eher bescheiden: Man habe „einen von mittelmäßigen Entwürfen zur Ausführung gewählt, für dessen Realisierung gleichwohl noch 110 000 Goldgulden ausgegeben werden müssen." Wenn die Bedeutung des Baus auch seinerzeit nicht wahrgenommen wurde, so ist es aus heutiger Sicht umso erfreulicher, dass die Laube den Zweiten Weltkrieg nahezu unbeschadet überstanden hat. Das restliche Gebäude hingegen, dessen ältester erhaltener Bauteil um das Jahr 1330 entstand, sowie der zwischen 1407 und 1414 erbaute Turm wurden nahezu vollständig zerstört. Während der Jahre des Wiederaufbaus und der Restaurierung prägte über lange Zeit hinweg der eingerüstete Turm das Bild des Rathauskomplexes.

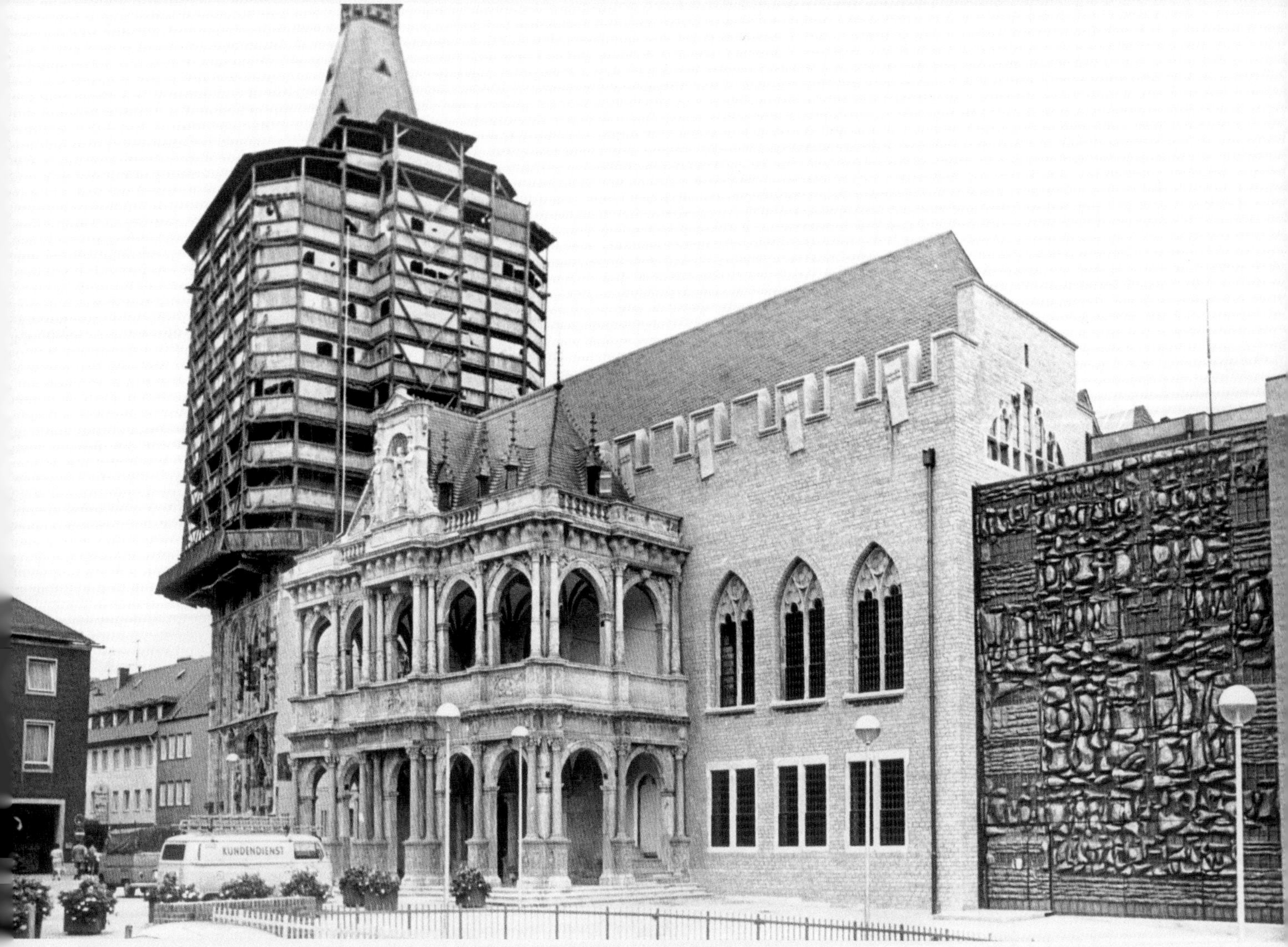

Nach der Komplettsanierung Mitte der 1950er-Jahre wurde für die vollständige Rekonstruktion der historischen Bauten ein Wettbewerb ausgeschrieben, den der Kölner Architekt Karl Band (1900–1995) gewann. Nach sechsjähriger Bauzeit war 1972 die Symbiose von restaurierten und rekonstruierten Bauteilen mit Stilelementen der Gegenwart verwirklicht. Die 8 x 11 Meter große Bronzewand des Kölner Bildhauers Ernst Wille (1916–2005) vereint die „Laube" mit dem modernen Bürotrakt. Bis zur Wiedereröffnung des historischen Rathauses im Jahr 1972 diente der Spanische Bau (links im Bild) an der Nord-West-Flanke des Rathauskomplexes als Rathausersatz. Seine Ursprünge reichen in die Jahre 1608 bis 1615 zurück, als die Ratsherren die Errichtung weiterer Verwaltungsräume forcierten. 1623 beriet sich hier das katholische Militärbündnis „Spanische Liga", um seine Koalition zu festigen: Ein Ereignis, das dem Gebäude im 19. Jahrhundert zu seinem Namen verhelfen sollte. In den Jahren des Zweiten Weltkriegs wurde wie das Rathaus selbst auch der „Spanische Bau" völlig zerstört. Zwischen 1950 und 1955 wurde jedoch zügig an einem Neubau gearbeitet. In dem 2003 generalsanierten Gebäude versammelt sich bis heute der Stadtrat.

Buttermarkt

Der ehemalige Handelsplatz erwacht zu neuem Leben

Um 1910 Die heutige Altstadt war einst eine dem römischen Köln vorgelagerte Rheininsel, die schon zu Beginn des 2. Jahrhunderts besiedelt wurde. So konnte sich hier bereits zur Zeit der Karolinger im 9. Jahrhundert ein Händlerviertel entwickeln, dessen immer noch gebräuchliche Gassennamen auch heute an die Waren erinnern, mit denen hier gehandelt wurde – Fischmarkt, Holzmarkt, Heumarkt und Buttermarkt. Mit dem Handel kam auch der Wohlstand, und rund um den Buttermarkt, zu Füßen der ehemaligen Benediktinerabtei Groß St. Martin, entfaltete sich rasch ein sehr lebendiges Viertel, in dem sich Wohnen und Arbeiten, Handel, Vergnügen, Kultur und Religion kunterbunt mischten und das der Stadt Reichtum und Ansehen bescherte.

Buntes Treiben Immer wieder war der als „Martinsviertel" bekannt gewordene Bezirk, zu dem auch der Buttermarkt gehört, Veränderungen und Zerstörungen ausgesetzt. Sein heutiges Aussehen allerdings verdankt das Quartier den Sanierungsmaßnahmen der 1930er-Jahre, die aufgrund der unhaltbaren sanitären Bedingungen unabdingbar waren. Trotz heftigster Bombenschäden aus dem Zweiten Weltkrieg konnte der überwiegende Teil der baulichen Substanz wiederhergestellt und mit neuem Leben gefüllt werden. Der äußere Schein trügt hierbei nicht, denn hinter den farbenfrohen Fassaden der historischen Häuser, denen dieser Teil der Altstadt das Kompliment „Apachenviertel" verdankt, tobt das wahre kölsche Leben: Ob in den typischen Kneipen, niveauvollen Restaurants, kleinen Geschäften oder schmucken Galerien – heute warten am Buttermarkt, dessen farbenfrohe Häuser durch schmale Giebel und hohe Schieferdächer gekennzeichnet sind, praktisch an jeder Ecke neue Überraschungen. Ein traditionsreiches, vitales Fleckchen Köln.

Groß St. Martin

Alte und neue Herrlichkeit

1920er-Jahre Bis weit ins 19. Jahrhundert hinein galt der gewaltige Vierungsturm von Groß St. Martin als das bekannteste Wahrzeichen Kölns. Die dreischiffige Pfeilerbasilika, deren Ursprünge bis ins 10. Jahrhundert zurückreichen, überragte den bis dahin unfertigen Kölner Dom fast ein halbes Jahrtausend lang. Wie archäologische Funde aus dem 1. und 2. Jahrhundert bezeugen, wurde auch Groß St. Martin wie so viele romanische Kirchen in Köln auf Fundamenten römischer Bauten errichtet. Nach umfangreichen Sanierungsarbeiten im 19. Jahrhundert – 1892 wurden die Häuserzeilen rund um die Basilika abgerissen, um einen freien Blick auf den Kleeblattchor zu schaffen, und 1894 erhielt das Turmdach eine neue Helmspitze – zeigte sich die Kirche in den 1920er-Jahren in einem komplett restaurierten Zustand. Doch der neue malerische Anblick sollte nicht lange währen: Fünf der zahlreichen Luftangriffe auf Köln zwischen den Jahren 1940 und 1945 beschädigten Groß St. Martin in erheblichem Maße.

Neue Postkartenidylle Heute erinnert kaum mehr etwas an die dramatischen Zerstörungen der dazwischenliegenden Jahre, als beim Einmarsch der amerikanischen Truppen am 6. März 1945 praktisch nur noch der untere Teil des Trikonchos stand und die Seitenwände des Langhauses, der Vierungsturm und die Überreste der Flankierungstürme aus der zu 95 Prozent zerstörten Altstadt ragten. In der Nacht vom 30. auf den 31. Mai 1942 waren Turm- und Langhausdach vollständig zerstört worden, am 29. Juni 1943 fiel auch die Benediktuskapelle dem Kriegsgeschehen zum Opfer. Infolge eines Luftangriffs am 6. Januar 1945 waren zudem die Mauern des Vierungsturms stark beschädigt worden und die Zwerggalerien aller drei Apsiden waren nahezu komplett eingestürzt. Es folgten hitzige Diskussionen darüber, ob und wie die Kirche wieder aufgebaut werden sollte. Das Ergebnis dieser fruchtbaren Auseinandersetzungen ist heute das idyllische Motiv unzähliger Postkarten, die von hier aus in alle Welt verschickt werden.

Alter Markt

Gewandeltes Straßenbild „em Häzze vun Kölle"

1910er-Jahre „Die Hüs´cher bunt om Aldermaat, sin Zeuge Kölscher Eigenaat. Et süht grad us em Dunkele, als wören se am Schunkele. Se stonn su kromm un scheif, als wör´n se immer en d´r Seif." Liebesbezeugungen wie in diesem Refrain eines Kölschen Volkslieds hat der in der Zeit nach der Wende zum 20. Jahrhundert noch recht beschauliche Alte Markt, der größte Platz in der Kölner Altstadt, schon oft erfahren. In seiner über 1000-jährigen Geschichte hat das Kölner „Herzstück" unzählige Menschen kommen und gehen sehen – Marktbeschicker, Richter und mittelalterliche Turnierkämpfer bevölkerten den Platz zwischen dem heutigen Rathaus und dem Kneipenviertel ebenso wie Künstler und Lebemenschen. Seit 1584 ist am Alten Markt zudem Kölns älteste Apotheke, die Jan-von-Werth-Apotheke, ansässig. Wie fast alle der einst großzügigen Renaissancehäuser mit so klangvollen Namen wie „Zum Papagei", „Zum Regenbogen" oder „Zu den sieben Sternen" konnte jedoch auch das Apothekengebäude dem Bombenhagel über Köln im Zweiten Weltkrieg nicht standhalten.

Modernes touristisches Zentrum Die alten Gebäude wurden im typischen Kölner Stil der 1960er- und 1970er- Jahre modern, allerdings in alten Proportionen wieder errichtet. Dass sich heutzutage hier sowohl das gesellschaftliche als auch das touristische Leben Kölns abspielt, spürt man sofort. Gemütliche, wie an einer Perlenkette aneinandergereihte Straßencafés laden zum Einkehren ein. Hat man von hier aus doch einen herrlichen Panoramablick auf das 1972 fertig gestellte neue Rathaus, den Jan-von-Werth-Brunnen aus dem Jahre 1884 und die wiederhergestellte, skurrile Plastik des „Kallendressers" – eine Kupferblechfigur unter der Dachrinne des Hauses Nr. 24, die von dort aus den untenstehenden Betrachtern ihren blanken Hintern entgegenstreckt. Zweimal jährlich ist der Alte Markt auch das Zentrum des Kölner Karnevals, wenn am 11. 11. um 11 : 11 Uhr, die neue Karnevalssession und an Weiberfastnacht offiziell der Straßenkarneval eröffnet wird.

Urige Südstadt Der Blick in die Severinsstraße in der Südstadt von Köln mit der Severinskirche (rechts) offenbart das Miteinander von kleinen und großen Gassen, Kirchen und zahlreichen Kneipen.

Wigger südlich vum Dom

Stadt in der Stadt Was als verwaltungsmäßige Einheit schon unterhalb der Ost-West-Achse Pipinstraße–Cäcilienstraße–Neumarkt–Hahnenstraße als Altstadt-Süd bezeichnet wird, ist für gestandene Kölner noch lange nicht die „Südstadt". Für den Alteingesessenen beginnt die „Südstadt", die auf keinem Stadtplan zu finden ist, erst unterhalb der Severinsbrücke und endet in Höhe des Severinstors. Die Südstadt ist nicht nur bekannt für ihr eigenes, urtypisch „Kölsches" Flair mit vielen Kneipen, Clubs, Szenelokalen und Restaurants, sie genießt auch den Ruf als Künstlerviertel mit einem konzentrierten kulturellen Angebot.

Gürzenich

Die „gute Stube" Kölns erhält eine Zusatzausstattung

15. Jahrhundert Der Gürzenich, hier auf einem Gemälde, ist eine Festhalle im Kölner Zentrum. Namensgeber der Örtlichkeit ist die renommierte Familie Gürzenich, auf deren Grundstück das Haus in den Jahren 1441 bis 1447 erbaut wurde. Mit einer kurzen Unterbrechung im 17. Jahrhundert, als das Gebäude als Kaufhaus genutzt wurde, diente es von jeher als Ort verschiedener Veranstaltungen, wie zum Empfang von Ehrengästen der Stadt Köln, für private Festlichkeiten von hohen Bürgern und Adeligen oder zu Krönungsfeiern. Anno 1885 beschrieb der Kölner Heimatforscher Johann Jacob Merlo (1810–1890) in seinem Werk das „Haus Gürzenich zu Köln, sein Saal und dessen Feste" den seinerzeitigen Umbau. Der Saal wurde mittels zweier Reihen achteckiger Eichenholzsäulen in drei Längsschiffe unterteilt, hinzu kamen Galerien an den Längsseiten und eine Orgel an der westlichen Querseite sowie eine Orchesterbühne an der Ostseite über dem Säulenraum. Im Mittelpunkt der Ausführungen Merlos steht aber neben den Karnevalssitzungen die berühmte Konzertreihe, zu der die Cölner Concert-Gesellschaft seit 1857 einlud. Aus ihr gingen sowohl der Gürzenich-Chor als auch das Gürzenich-Orchester hervor.

Gläserner Aufzug Im Juni 1999 blickt die gesamte Welt auf den „Gürzenich", der für die Kölner Gipfeltage der Sitzungen des EU-Rates, der Außenminister der G8-Staaten und der Staats- und Regierungschefs der G7-Länder modern umgestaltet und ausgerüstet wurde. Im Zweiten Weltkrieg fast völlig zerstört und 1955 wiedererrichtet, erhielt das Gebäude, das heute als „gute Stube Kölns" gilt, im Rahmen von Modernisierungsarbeiten 1996 auch einen gläsernen Außenaufzug (rechts im Bild). In der Zeit zwischen 1996 und 1998 wurde der Gürzenich zudem zu einem stilvollen Fest- und Kongresszentrum mit modernster technischer Ausstattung ausgebaut.

Gürzenichstraße

Neubeginn einer traditionsreichen Geschäftsmeile

1945 Alteingesessenen Kölnern sind die traurigen Überreste der Gürzenichstraße als Folge des Zweiten Weltkriegs noch gut in Erinnerung. Inmitten der Trümmer bot das Fachgeschäft Pfeifen Heinrichs beispielhaft als einer der wenigen Läden schon bald nach der Zerstörung wieder einen gewohnten geschäftlichen Anlaufpunkt, denn Geschäftsinhaber Peter Leo Heinrichs war der erste Kölner Händler, der von den Alliierten die Konzession zum Verkauf von Tabakwaren erhielt. Dennoch konzentrierten sich seine Geschäftsaktivitäten unmittelbar nach Kriegsende darauf, den Kunden Tabaksamen zu verkaufen, damit diese auf dem heimischen Balkon Kleinpflanzertabak anbauen konnten. Zigaretten kosteten zu dieser Zeit auf dem Schwarzmarkt ein Vermögen.

Exklusiver Shoppinggenuss Nach dem Wiederaufbau in der Nachkriegszeit und vor allem heutzutage wirkt die Gürzenichstraße als Verlängerung der Schildergasse bis zum „Heumarkt" wie eine liebenswerte Idylle inmitten der Hektik der großen Shoppingmeilen. Vor allem wer exklusiven Produkten den Vorzug gibt und sich beim Einkaufen durch die persönliche Beratung inspirieren lassen möchte, wird sich hier wohl fühlen. Das Angebot umfasst von der erlesenen Pfeife bis zum Designerkleid, vom ausgefallenen Wohnaccessoire bis zum Schönheitsstudio alles, was das Herz begehrt, auf hohem Niveau. Zahlreiche gemütliche Cafés und stilvolle Restaurants laden zum Verweilen ein. Auch wenn das Fachgeschäft Pfeifen Heinrichs im Lauf der Zeit seinen Standort ein paar Häuser weiter in Richtung des historischen Gürzenich verlagert hat, feiert das traditionsreiche Unternehmen 2008 sein 100-jähriges Bestehen.

R STERN
Tülle
FEINHALS

1925 Am 7. April 1891 eröffnete der zunächst in Stralsund ansässige Kaufmann Leonard Tietz an der Hohe Straße in Köln die erste Filiale seines Schneiderwarengeschäfts. 1893 verlegte er auch seinen Hauptsitz in die Domstadt. Das Unternehmen wuchs, erweiterte seine Produktpalette und wurde modernisiert. So stand den Kunden des Kaufhauses Tietz seit 1895 ein moderner Personenlift zur Verfügung. Die erste Lebensmittelabteilung des Kaufhauses Tietz lockte die Kunden ab 1902 in die prachtvolle Tietz-Passage. Mächtige Kristalllüster, beachtliche Marmorsäulen und prächtige Mosaikfriese schmückten die mehrgeschossigen Lichthöfe, aufwendige Intarsien- und Stuckarbeiten zierten die Herrschaftsarchitektur. Doch der Glanz währte nicht lange: Während des Ersten Weltkriegs waren viele Waren nur gegen Bezugsschein erhältlich, immer wieder wurden daher die Warenhäuser geplündert. Die Inflationsjahre zehrten an der Substanz. Erst 1925 ging es wieder steil nach oben – im wahrsten Sinne des Wortes, denn die Kunden ließen sich nunmehr auf der ersten Rolltreppe Deutschlands in den Konsumtempel befördern.

Funktionaler Wiederaufbau Mit der Machtergreifung der Nationalsozialisten im Jahr 1933 fand die wiedergewonnene Herrlichkeit abermals ein jähes Ende: Die Filialen des jüdischen Familienunternehmens wurden boykottiert, einige wurden zur Schließung gezwungen. Unter diesem Druck wurde die 1905 gegründete Tietz AG, die zu diesem Zeitpunkt deutschlandweit 20 000 Angestellte beschäftigte, in „Westdeutsche Kaufhof AG" umbenannt. Am Ende des Zweiten Weltkriegs stand jedoch auch der Kaufhof-Konzern vor den Trümmern seiner Filialen: 35 der insgesamt 40 Kaufhof-Warenhäuser in Deutschland waren vollkommen zerstört. Der Wiederaufbau der Kaufhäuser stand – auch in Köln, wo die Kaufhof AG in der Leonard-Tietz-Straße auch ihren Konzernsitz unterhält – ganz im Zeichen funktionaler Architektur. Über dem Haupteingang der Filiale Hohe Straße erinnert heute ein Denkmal an den Gründer: Ein Löwe (lat. leo) steht für den Vornamen des Firmengründers, eine puttenähnliche Figur für Merkur, den Gott der Kaufleute, links und rechts sind die Figuren von Engeln als Schutzsymbolen flankiert. Die Filiale mit 36 000 Quadratmetern Verkaufsfläche – Aushängeschild des Konzerns – ist das größte Warenhaus der Stadt Köln und das zweitgrößte in Deutschland.

Schildergasse

Entwicklung zur Einkaufsmeile

Um 1930 Gleich ob als Markt, Versammlungsort oder Geschäftsstraße: Die Kölner Schildergasse – hier in der Zeit um 1930 – hatte viele Jahrhunderte hindurch eine zentrale Bedeutung. Schon in der Römerzeit war der „Decumanus Maximus", wie die Römer die Straße bei ihrem Bau nannten, eine der beiden Hauptstraßen der damaligen Stadtanlage. Ihren heutigen Namen verdankt die Schildergasse den hier im Mittelalter ansässigen Schilderern – Kunsthandwerker, die hauptsächlich Wappenschilder bemalten. Bereits im 19. Jahrhundert entwickelte sich der Straßenzug mehr und mehr zu einer attraktiven Geschäftsstraße. Einen ersten traurigen Höhepunkt der jüngeren Geschichte erlebte die Straße in den Jahren 1933 bis 1935: Die Gestapo zog in das Gebäude der staatlichen Polizeiverwaltung an der Ecke zur Krebsgasse. Weitere Schicksalsschläge folgten: Beim letzten Bombenangriff auf Köln am 2. März 1945 wurden viele Gebäude der Straße vollständig zerstört.

Spitzenreiter der Einkaufsstraßen Die Zerstörungen des Zweiten Weltkriegs scheinen nach der Zeit des Wiederaufbaus nahezu vergessen. Moderne Großkaufhäuser und Geschäfte prägen heute die belebte Fußgängerzone Kölns. Seit 1999 führt das Immobilienberatungsunternehmen Jones Lang LaSalle jährlich eine sogenannte „Passantenfrequenz-Zählung" in den großen deutschen Einkaufsstraßen durch. Seither hat die Schildergasse zwischen Neumarkt und Heumarkt den höchsten Schnitt aller Konkurrenten. 2006 lief ihr die um die Ecke gelegene Hohe Straße den Rang ab, 2007 wurden die Verhältnisse wieder zurechtgerückt. 2009 war die Kaufingerstraße in München der Klassenprimus, 2012 die Zeil in Frankfurt, 2013 der Westenhellweg in Dortmund. Ende März 2014 konnte sich die Schildergasse jedoch bereits zum neunten Mal mit dem Titel „Nr. 1 der deutschen Einkaufsmeilen" schmücken. Mit bemerkenswerten 14.590 Passanten in einer Stunde verwies sie den Lokalrivalen Hohe Straße sowie die Stuttgarter Königstraße auf die Plätze – 2014 war damit auch das Jahr des ersten „Doubles" für die beiden Kölner Einkaufsmeilen.

Heumarkt

Handel und Wandel

Um 1850 Bereits der Name des Heumarkts gibt Aufschluss darüber, womit einst im Mittelalter auf dem Platz in Rheinnähe, zu Füßen Groß St. Martins, gehandelt wurde: Die Pferde in der Stadt wurden hier mit Heu versorgt. Jedoch dauerte es nicht lange und auch andere Waren wurden feilgeboten. Im Lauf der Zeit trugen die Bauern auch Fleisch und Käse auf den Markt und handelten zudem mit Tuchen, Leder und Salz. Rasch entwickelte sich der Heumarkt auch zu einem wichtigen Geldhandelsplatz, an dem von 1727 bis 1843 die Kölner Börse residierte, bevor sie in die Rheingasse zog. In dieser Zeit war der Platz so prachtvoll und schön, dass selbst Dichterfürst Johann Wolfgang von Goethe (1749–1832) ins Schwärmen geriet und den Heumarkt mit dem Markusplatz in Venedig verglich. So verwundert es auch nicht, dass sich die kölschen Liebespaare zum Rendezvous am Heumarkt verabredeten, der mit der Errichtung des Reiterdenkmals des Preußenkönigs Friedrich Wilhelm III. (1770–1840) im Jahr 1878 einen neuen Treffpunkt erhielt. Von dem seitdem erwachten „Mittelpunkt-Gefühl" profitierten auch die Brauhäuser rund um das Königsmonument: Insgesamt fünf Hausbrauereien siedelten sich hier an. Mit der Eröffnung der Großmarkthalle begann jedoch 1904 eine Umbauphase großen Ausmaßes, infolge derer das gesamte Viertel im Südosten abgerissen wurde. Die Zerstörungen des Zweiten Weltkriegs trugen zudem ihren Teil dazu bei, dass der Heumarkt in zwei Hälften geteilt wurde.

Wiederbelebung eines „Verkehrsopfers" Seit dem Wiederaufbau nach Kriegsende ist der Platz, der für die Auffahrt auf die Deutzer Brücke beschnitten wurde, zweigeteilt. Gut die Hälfte der ursprünglichen Fläche ist dem Verkehr zum Opfer gefallen und durch die Stadtbahn vom Rest des Platzes abgetrennt. 2001 war der Bau einer Tiefgarage mit 460 Plätzen unter dem Heumarkt abgeschlossen. Nur einige wenige alte Häuser wie das Handelshaus „Zum St. Peter" am Heumarkt 77, erbaut in der Spätrenaissance, erinnern heute noch an die prachtvollen Zeiten von einst. Open-Air-Konzerte, Karnevalsveranstaltungen, Weinfeste und Weihnachtsmärkte sollen nun helfen, den Heumarkt als Kommunikationszentrum für Kölner und Besucher wiederzubeleben.

Reiterdenkmal am Heumarkt

Preußenkönig wird vom Sockel geholt

1920er-Jahre Unter dem Jubel der Bevölkerung und im Beisein Kaiser Wilhelms I. (1797–1888) wurde 1878 das Denkmal des Preußenkönigs Friedrich Wilhelm III. (1770–1840) auf dem Heumarkt enthüllt. Nach insgesamt 14 Jahren Bauzeit war das Reiterdenkmal nach Entwürfen des Bildhauers Gustav Hermann Blaeser (1813–1874) mit seinen 16 monumentalen Standbildern von hochgestellten Persönlichkeiten aus dem Militär- und Bildungswesen und vier Reliefs auf dem Sockel fertiggestellt. 65 Jahre lang ließ der in Bronze gegossene Preußenkönig seinen Blick unbewegt über den Rhein schweifen, bis er 1943 erstmals unsanft aus dem Sattel gehoben wurde: Bei einem heftigen Bombenangriff auf die Stadt stürzte die Statue. Einige Reliefs und Figuren verschwanden nach dem Krieg in Altmateriallagern, 1950 wurde auch der Sockel beseitigt. Die Überreste des Denkmals wurden bis auf den Kopf des Königs und die Rückenkuppe des Pferdes 1959 eingeschmolzen.

Denkmal ohne König Nach vielen Diskussionen und einer Spendenaktion wurde das Bronzedenkmal in Düsseldorf neu gegossen und kehrte 1990 nach Köln zurück. Zu hohe Beimengungen von Blei reduzierten die Lebenserwartung des neuen Monuments jedoch beträchtlich. Auch das seit Mai 2001 die Beine des Pferdes stützende Gerüst konnte die zunehmende Instabilität des 5 Meter großen Reiterdenkmals nicht verhindern. Daher sieht sich der Kölner Stadtrat am 7. November 2007 dazu veranlasst, den König samt Ross vorsorglich zu demontieren und ihn in einer aufwendigen Aktion in sein neues Asyl, dem Bauhof an der Frankfurter Straße, zu bringen. Wenige Tage später schließen sich engagierte Kölner zum Verein „Rettet das Reiterdenkmal jetzt" zusammen, um Friedrich Wilhelm III. sowohl mit Spendengeldern als auch mit öffentlichen Mitteln wieder „sattelfest" zu machen. Seine Rückkehr fand am 6. Oktober 2009 statt.

Pipinstraße

Wiederaufbau als verkehrstechnische „Grenze"

1945 Die zwei nahezu parallel zueinander verlaufenden Straßen Augustiner- und Pipinstraße liegen nach dem Zweiten Weltkrieg in Schutt und Asche. Vor allem aufgrund ihrer zentralen Rolle bei der verkehrstechnischen Planung wurden die Kriegsschäden jedoch rasch behoben. Das historische Vorbild für den Namen der Pipinstraße reicht weit zurück: Nach der römische Herrschaft gewann Köln erst nach der Eroberung durch die Franken wieder an Bedeutung. Im Hinblick darauf stand der Frankenkönig Pippin der Jüngere (714–768), der im Jahr 751 die Macht des Reiches übernahm, Pate für den Straßenzug.

Harmonische Synthese Zwischen Deutzer Brücke und der in den 1950er-Jahren entstandenen Stadtautobahn Nord-Süd-Fahrt läuft der Verkehr heute mehrspurig über die L 111, jeweils als Einbahnstraße in Richtung stadteinbeziehungsweise stadtauswärts. Aus Sicht des Betrachters gabeln sich die beiden Fahrbahnen kurz hinter der an der Hohen Straße beginnenden Fußgängerzone, zwischen Kleiner Sandkaul linker Hand und Hermann-Joseph-Platz rechter Hand. Wenig später treffen sie wieder aufeinander und verlaufen nach dem Heumarkt wieder Seite an Seite Richtung Rhein. Pipinstraße und Augustinerstraße sind heute Teil der Ost-West-Achse, der „Grenzlinie" zwischen den verwaltungsmäßig getrennten Stadtteilen Altstadt-Süd und Altstadt-Nord. Heutiges Aushängeschild der Pipinstraße ist das 5-Sterne-Hotel InterContinental, das damit wirbt, dass hier die Gegensätze von moderner Architektur und historischem Fundament zu einem harmonischen Gesamtbild verschmelzen.

Filzengraben 43

Das mittelalterliche „Vromoltshaus" wird zum Denkmal

1890er-Jahre Der Filzengraben ist eine Straße, die Geschichte atmet. Schon im 16. Jahrhundert ließen sich hier die Fassbinder nieder und errichteten ihr prächtiges Zunfthaus. Noch mehr rückte in späterer Zeit die Adresse „Filzgraben 43" in den Mittelpunkt. 1312 erstmals als „Vromoltshaus" in den Geschichtsbüchern erwähnt, wurde das Wohnhaus im Laufe der Zeit zu einem Laubenganghaus mit säulengetragenen, überhängenden Obergeschossen ausgebaut – ein im Mittelalter weit verbreiteter Wohnhaustyp im Kölner Stadtgebiet. Auch im Lauf der darauf folgenden Jahrhunderte verlor das Haus nichts von seiner Anziehungskraft, die es auf zahlreiche Maler, Fotografen, Reisende und Genießer ausübte. Ausgangs des 19. Jahrhunderts war hier das „Gasthaus Zur Rheinpfalz" beheimatet, von 1928 bis zur Mitte der 1960er-Jahre beherbergte das Gebäude das „Weinhaus Duhr". Das geschichtsträchtige Gebäude wurde im Zweiten Weltkrieg weitgehend zerstört und musste daher von Grund auf rekonstruiert werden.

Offenes Denkmal Der Laubengang des Hauses am Filzengraben 43 gilt heute als ältester seiner Art nördlich der Alpen. Seine Grundmauern haben nicht nur dem Zweiten Weltkrieg standgehalten, sondern trotzen seit mehr als 700 Jahren auch allen Feuersbrünsten und dem gefürchteten Kölner Hochwasser. 1980 wurde das Haus unter Denkmalschutz gestellt. 1985 erwarb der Architekt Walter von Lom das Anwesen und 1990 erfolgte eine grundlegende Sanierung. Seither ist auch der backsteingemauerte Gewölbekeller mit den Resten des mittelalterlichen Fundaments öffentlich zu besichtigen. Den Geist der Geschichte des Filzengrabens erweckt auch Frank Schätzing (geb. 1957) in seinem historischen Kriminalroman „Tod und Teufel" (1995) zu neuem Leben. In der im Köln der Mitte des 13. Jahrhunderts spielenden Handlung fungiert die Straße als einer der Schauplätze.

Severinstor
Nahverkehr statt Militärpräsenz

1849 In der Zeit der Märzrevolution, als Versammlungen, die das allgemeine Wahlrecht, Presse- und Versammlungsfreiheit forderten, vor dem Kölner Rathaus gewaltsam beendet wurden, stellte der Künstler Johann Poppel (1807–1882) auf seinem Stahlstich „Severinstor" das Stadtleben betont friedlich dar: Während die Bürger und Bauern auf ihren Kutschen oder zu Fuß ihrer alltäglichen Wege gehen, beobachten die Wachsoldaten, die noch im 19. Jahrhundert in den Räumen der Torburg wohnten und jeden Abend die Tore schlossen, zurückhaltend das Geschehen. So beschaulich ging es im Lauf der Geschichte im Kölner Süden nicht immer zu: Im Mittelalter spielten die Severinstraße, ihre seit 1215 als „nova porta" bezeugte Torburg und die angrenzende Backstube der Familie Schmitz im Kölner Strafvollzug eine wichtige Rolle: Die Gefangenen wurden von einem mit Knüppeln bewaffneten Menschenspalier zum Spießrutenlauf erwartet. Wer die Knüppelschläge überlebte und bis zum „Schmitz Backes" gelangen konnte, war frei und konnte durch das Severinstor die Stadt verlassen. An dieses Szenario knüpft das Kölsche Sprichwort „Do bes och noch nit an Schmitz Backes vorbei" an. Die Stadt nutzte die „Vringspooz", wie die Severinstorburg seit ihrer Fertigstellung im 13. Jahrhundert von alteingesessenen Kölnern auch genannt wurde, in erster Linie zu repräsentativen Zwecken. In der Burg der Befestigungsanlage wurden Prinzen und Könige zu Ritterturnieren und Minnespielen empfangen.

Tunnelbau Im September 2002 wurde das größte Nahverkehrsprojekt Kölns in Angriff genommen. Nach 20 Jahren Beratungen und Diskussionen wurde mit dem Bau der Nord-Süd-Stadtbahn begonnen, die den Breslauer Platz mit der Südstadt verbinden wird. Im Zuge dieser Baumaßnahme geriet das 29 Meter hohe Severinstor im Juli 2005 unverhofft in die Schlagzeilen: Tunnelgräber entdeckten die Grundmauern eines „Bollwerks" vor der Torburg und damit den Nachweise für die einstige Monumentalität der Festungsbastion, die im Zuge der Stadterneuerung im 19. Jahrhundert abgerissen und teilweise zugeschüttet wurde. Auch heute noch wird hinter den historischen Mauern gut und gerne gefeiert. Die Severinstorburg ist offizieller Trauort der Stadt Köln, und wer es ausgefallen mag, richtet seine privaten Feiern in der Bürger- oder Severinsstube beziehungsweise im stilvollen Turmsaal aus.

Geschmackvoll Das Gebäude der Neumarkt-Galerie in der Schildergasse hat einen echten Hingucker auf seinem Dach: Eine Eistüte an der Hausecke lädt die Besucher ein, die Einkaufsgalerie mit ihren zahlreichen Läden und Cafés zu erkunden.

Zwesche aale un neue Oper

Notwendiges Übel Die umgangssprachlich „Nord-Süd-Fahrt" genannte vier- bis sechsspurige Straße vom Ebertplatz bis zum Sachsenring ist vielen Kölnern selbst über dreißig Jahre nach ihrer Fertigstellung noch ein Dorn im Auge und wird von vielen als Bausünde bezeichnet. Jedoch wäre ohne die Verkehrsschlagader der Innenstadt heute vieles anders. Weil sie die Ringstraßen und die Rheinuferstraße vom Verkehr entlastet, profitieren sowohl Einkaufsmeilen wie die Breite Straße oder die Schildergasse als auch Shopping-Tempel wie die Neumarkt-Galerie, die WDR-Arkaden, die Opernpassage oder das DuMont-Carré von der umstrittenen Maßnahme.

St. Gereon

Schritt für Schritt zu neuer Schönheit

Um 1900 In der Zeit um die Wende zum 20. Jahrhundert kann die malerische Basilika St. Gereon bereits auf eine lange Geschichte zurückblicken: Bereits im 4. Jahrhundert errichteten die Römer einen ovalen Kirchenbau zu Ehren des Heiligen Gereon. Der Offizier der Thebaischen Legion, der der Legende nach in der Nähe von Köln wegen seines christlichen Glaubens enthauptet wurde, ist der Schutzpatron der Stadt. Mit dem Ausbau des Gebäudekerns zum hohen gewölbten Dekagon, dem Zehneckbau, in den Jahren 1219 bis 1227 erhielt der ihm gewidmete Sakralbau sein heutiges Aussehen. Die Kuppel des Dekagons war mit einer Höhe von 34,55 Metern im Scheitelpunkt und einem Durchmesser im Oval von 21 bzw. 16,90 Metern einer der seinerzeit größten Kuppelbauten. Papst Benedikt XV. (1854–1922) wertete St. Gereon im Jahr 1920 auf, er ernannte sie zur „Basilica minor" – ein vom Papst vergebener Ehrentitel für die bedeutendsten Kirchenbauten.

Umfangreiche Wiederherstellung Die Bombenangriffe des Zweiten Weltkrieges hatten der Substanz des Sakralgebäudes gehörig zugesetzt. Instandsetzungsarbeiten in kleinen Schritten erstreckten sich daher über Jahrzehnte hinweg, bis St. Gereon wieder in seiner alten Herrlichkeit erstrahlen konnte. Der Hochaltar wurde 1949 fertig gestellt, 1954 erfolgte der Einbau einer kleinen Orgel im Langhaus, 1956 wurde die Krypta erneuert, 1964 die Taufkapelle. Erst im Jahr 1979 war die Außenrestaurierung komplett abgeschlossen. Es dauerte abermals bis ins Jahr 1984, bis das Dekagon auch im Hinblick auf die Innenraumgestaltung wiederhergestellt war. Als bislang letzte Sanierungsmaßnahme wurde im Jahr 2001 eine neue Orgel eingeweiht. Heute kann die Basilika, die im Lauf ihres Daseins auch eine zu ihren Füßen stattfindende grundlegende Veränderung der Verkehrsstruktur miterlebt hat, bei den Kölner in der Rangfolge der „schönsten Bauwerke der Stadt" wieder einen der vordersten Plätze einnehmen.

Elisenstraße

Erinnerung an die braune Vergangenheit

1945 Im Jahr 1934 begann der Kölner Kaufmann Leopold Dahmen mit dem Bau eines Wohn- und Geschäftshauses am Appellhofplatz/Ecke Elisenstraße. Noch während des Rohbaus und obwohl schon viele Mietverträge unterzeichnet waren, beschlagnahmte am 1. Dezember 1935 die Kölner Gestapo das Gebäude und ließ im Keller zehn kleine Zellen mauern. Diese maßen nur wenige Quadratmeter und waren lediglich mit eisernen Pritschen ausgestattet. Was ursprünglich als Gebäude „zur Unterbringung der Verhafteten während des Verhöres" deklariert war, stellte sich nach Kriegsende als Folterkammer heraus, in der die Häftlinge über mehrere Wochen und Monate hinweg systematisch gequält wurden. Wandinschriften zeugen von den grausamen Misshandlungen, denen die Widerstandskämpfer, Zwangsarbeiter und Kriegsgefangenen hilflos ausgeliefert waren. Weil die Schreie der Zuchthausinsassen auf der Straße hörbar waren, fanden die brutalen Verhöre später im Tiefkeller statt, der als Luftschutzraum vorgesehen war.

Dokumentations- und Gedenkstätte Das Haus blieb während des Krieges weitgehend von Bomben verschont und wurde nach Kriegsende zunächst von städtischen Dienststellen bezogen. Ab 1979 ließ der Kölner Stadtrat das Haus umbauen: Das EL-DE-Haus ist heute ein Dokumentations- und Forschungszentrum mit Museum und Bibliothek. In der Dauerausstellung „Köln im Nationalsozialismus" wird eine umfangreiche Sammlung von Zeitzeugenberichten, Fotos und Aktenschriftstücken gezeigt. Auch wenn sich heute in der Elisenstraße viele moderne Dienstleistungs- und Hotelunternehmen angesiedelt haben: Die Enge des Straßenzugs zwischen „Neven-DuMont-Straße" und „Auf dem Berlich" wirkt auch heute noch auf viele Besucher Kölns beklemmend.

Breite Straße

Verheilte Wunden der Kriegszerstörung

1945 war Köln fast völlig zerstört, lediglich der Dom stand noch inmitten des riesigen Ruinenfelds. Wie die gesamte Umgebung lag auch ein großer Teil der Breite Straße bei Kriegsende in Trümmern. Wie der Name vermuten lässt, verdankt die Straße ihren Namen der für damalige Verhältnisse gewaltigen Ausdehnung von über 20 Metern. Mitte des 19. Jahrhunderts hatten sich entlang der Renommiermeile prächtige Häuser aneinandergereiht, und vor den Häuserfronten spendeten in den heißen Monaten stattliche Linden und Kastanien Schatten. Hotel- und Gaststättennamen wie der der Prominentenresidenz „Kaiserlicher Hof" lassen erahnen, welche Gesellschaftsschicht hier anzutreffen war: von Napoleons Schwager Joachim Murat (1767–1815) über den preußischen Kronprinzen Friedrich Wilhelm (1795–1861) bis hin zu Kaiser Franz von Österreich (1768–1835) logierte hier alles, was Rang und Namen hatte. Spätestens mit den Zerstörungen des Krieges gehörten jedoch die Zeiten der Prachtentfaltung der Vergangenheit an.

Gelungener Branchenmix Heute erinnert nichts mehr an die Narben im Straßenbild, die die Kriegszerstörung einst in der Breiten Straße hinterlassen hatte. An das luxuriöse Flair der Vorkriegszeit konnte die Straße jedoch nach dem Wiederaufbau der Nachkriegsjahre nicht mehr anknüpfen. Auf den Grundstücken der früheren Prachtbauten entstanden im Lauf der Zeit Geschäfte und Verwaltungsgebäude, die heute für den hohen Bekanntheitsgrad der Straße sorgen – ob WDR-Arkaden, Opernpassage, DuMont-Carré oder Bistros und Cafés. Durch die neue Bebauung ist das Straßenbild um einiges vielschichtiger geworden, und auch der modern gepflasterte Boden fällt erst auf den zweiten Blick auf. Einzigartig bleibt die Brauhausinstitution „Bier-Esel": Das wohl größte Muschelrestaurant Deutschlands hat sieben Jahrhunderte lang die Höhen und Tiefen der Breiten Straße miterlebt.

DuMont-Carré

Das Verlagshaus wird zum Einkaufscenter

1906 Dem Status und den Ansprüchen der Verlegerfamilie DuMont Schauberg gemäß bezog die „Kölnische Zeitung" 1906 das von Architekt Heinrich Müller-Erkelenz (1878–1945) entworfene repräsentative Verwaltungsgebäude Ecke Breite Straße und Langgasse. Zu dieser Zeit war die Gazette die mächtigste und angesehenste Tageszeitung des Reiches, ihre traditionell nationalliberal geprägten Artikel informierten über das tägliche Weltgeschehen. Anfang der 1930er-Jahre kam es zu einem starken Auflagenverlust, weil die liberale Zeitung von den Nationalsozialisten bekämpft wurde. In den Kriegsjahren schwenkte die Redaktion jedoch auf die Linie der nationalsozialistischen Regierung ein. Nach Kriegsende wurde die weitere Publikation daher von den alliierten Besatzungsmächten verboten. Erst mit Gründung der Bundesrepublik im Jahr 1949 konnte der DuMont-Verlag mit dem „Kölner-Stadtanzeiger" den Wiedereinstieg ins Zeitungsgeschäft wagen. Druckhaus, Redaktion und Verwaltungsgebäude wurden 1998 in das Neven-DuMont-Haus in Köln-Niehl ausgelagert.

Neuigkeiten Somit wurde Platz für ein neues Gebäude geschaffen. Mit einem Investitionsvolumen von rund 150 Millionen Euro wurde in Windeseile am Standort der traditionsreichen Adresse, an der Breiten Straße mitten in der Kölner City, das Shopping-Center DuMont-Carré errichtet. Am 25. Oktober 2001 hieß es erstmals „Sehen, Staunen und Genießen." Auf einer Fläche von rund 20 000 Quadratmetern präsentieren seither insgesamt 48 Läden einen ebenso innovativen wie zukunftsweisenden Branchenmix aus Bekleidung, Wohnaccessoires, Unterhaltungselektronik, Lebensmitteln, Dienstleistung und Gastronomie. Die freundliche Atmosphäre auf drei voll überdachten Ebenen lädt nicht nur zum Bummeln ein: Regelmäßige Veranstaltungen wie Ausstellungen oder Kleinkunstaktionen sorgen im Einkaufscenter für spannende und entspannende Unterhaltung für Groß und Klein.

4711-Haus

Wiederaufbau der berühmtesten Hausnummer der Welt

1963 Hinter dem Geheimnis der Namensgebung eines in aller Welt für die Parfümherstellung bekannten Unternehmens verbirgt sich eine simple Hausnummer: Weil die französischen Besatzungssoldaten Ende 1794 große Schwierigkeiten mit den fremdsprachigen Straßennamen Kölns und ihrem unübersichtlichen Verlauf hatten, nummerierten sie kurzerhand die einzelnen Häuserblocks. Im Block 4711, der heutigen Glockengasse 12, unterhielt die bekannte Kölnisch-Wasser-Fabrik einst ihr Geschäft und wählte 1881 diese Nummer als Firmennamen. Von 1852 bis 1854 entstand in der Glockengasse 26–28 ein neues Geschäftshaus mit einer farbenprächtigen Fassade im neugotischen Stil. Dessen Glanz erlosch im Bombenhagel des Zweiten Weltkriegs, und das Gebäude versank in Schutt und Asche. 1963 begann der Neubau im Stil des Vorkriegsgebäudes am neuen Standort in der Glockengasse 4.

Neuerstandene Parfümkultstätte Die neugotische Fassade wurde mit Arkaden um die Straßenecke fortgeführt und erhielt ein Figurenspiel am Dachgesims, das die Legende rund um die Hausnummerierung zu jeder vollen Stunde nacherzählt. In Erinnerung daran erklingt die französische Nationalhymne „Marseillaise" und das Lied vom treuen Husaren. „4711 – Echt Kölnisch Wasser" ist auch heute noch eine Marke von internationalem Renommee. Noch immer umweht sie der Hauch des Geheimnisvollen, und bis zum heutigen Tag ist die Zusammensetzung des wohltuenden Wassers nie veröffentlicht worden. Traditionsgemäß steht die Tür des 4711-Hauses stets geöffnet, damit der dem Kölnisch-Wasser-Brunnen im Eingang entströmende Duft „Flaneure schon von Weitem betöre". Seit Ende 2006 sind sowohl Markenrechte als auch Gebäude im Besitz des renommierten Aachener Parfüm-Unternehmens Mäurer + Wirtz.

1950er-Jahre In jenen Jahren war bei der Herstellung des wohl bekanntesten Kölner Produkts, 4711 Echt Kölnisch Wasser, noch vieles Handarbeit. Jede Flasche wurde eigenhändig etikettiert und geprüft. Bis heute umwehen das Duftwasser Geheimnisse aus alten Zeiten. So werden etwa die genauen Ingredienzien streng geheim gehalten und auch die Frage, wer als eigentlicher Erfinder der 4711-Rezeptur gelten kann, ist bis heute ungeklärt. Schon seit Anfang des 18. Jahrhunderts hatte die aus Italien nach Köln eingewanderte Parfümhändlerfamilie Farina Kölnisch Wasser produziert und verkauft. 4711-Begründer Wilhelm Mülhens (1762–1841) erhoffte sich durch die Verwendung des Namens „Farina", dessen Rechte er 1803 von einem nicht näher verwandten Namensvetter des italienischen Parfümherstellers erworben hatte, größere Verkaufserfolge seiner eigenen Parfümrezeptur. Das heutige „4711 Echt Kölnisch Wasser" ist nicht zuletzt wegen seines charakteristischen Markenauftritts unverkennbar. Seit 1839 ziert die Parfümflasche das typische blau-goldene Etikett, das 1881 mit dem Schriftzug „4711" im Zentrum und 1909 mit dem Glockensymbol am rechten Rand des Logos seine bis heute unveränderte Gestalt erhielt.

Umsatzeinbußen und Firmenverkäufe Überraschte die 4711-Vorstandsetage 1967 die Fernsehnation noch als erstes deutsches Unternehmen mit einem Werbespot in Farbe, büßte die Marke im Lauf der Zeit aufgrund der zahlreichen Konkurrenz auf dem Parfümmarkt viel an Zuspruch ein. In den 1990er-Jahren machen nicht mehr umfangreiche Exportlisten wie zur Blütezeit, als das Unternehmen in 120 Länder exportierte, Schlagzeilen, sondern vielmehr die zerstrittenen Firmeninhaber. 1994 wurde die Firma schließlich an die Wella AG aus Darmstadt verkauft. Zwar rangierte die heute weitgehend automatisiert und mit technisch hoch entwickelten Maschinen produzierte Duftwassermarke auch 1998 mit 4,5 Millionen Kunden noch auf dem Spitzenplatz vor Chanel No. 5, weitere Umsatzeinbußen führten jedoch abermals zu einer Veräußerung. 2003 übernahm der Procter & Gamble-Konzern die Traditionsmarke, um sie am 11. Dezember 2006 an den Aachener Parfümhersteller Mäurer + Wirtz abzutreten. Die rund 900 Mitarbeiter der Firma wurden zwar übernommen, doch die Produktion wurde nach Aachen verlagert. Der neue Besitzer plant, die Marke mit einer Werbeoffensive wieder an die Rekorde früherer Glanzzeiten von jährlich rund 10 Millionen verkaufter Artikel heranzuführen.

WDR Arkaden

Ein Sender errichtet einen neuen Firmensitz

1932 Mitte der 1920er-Jahre hatte der Vorläufer des heutigen WDR, der Radiosender „Westdeutsche Rundfunk AG" (WERAG), seinen Sitz in der Kölner Dagobertstraße 38. Ab 1933 wurden die Medien von den Nationalsozialisten gleichgeschaltet. Der Sender wurde im April 1934 in „Reichssender Köln" umbenannt, der Hörfunk wurde zum Propagandamedium, und in das Funkhaus zog ein von der Regierung bestimmter Intendant in SS-Uniform ein, bis der Reichssender 1941 geschlossen wurde. Im Folgejahr wurde das Gebäude durch Bombenangriffe der Alliierten stark beschädigt. In das erst nach einigen Jahren wieder aufgebaute Gebäude kehrte jedoch nicht der Rundfunk zurück, stattdessen zog die Städtische Musikschule ein. Der Rundfunk ging nach einer Übergangszeit während der britischen Besatzung 1948 wieder in deutsche Hände über – damals als „Nordwestdeutscher Rundfunk" (NWDR) bezeichnet. Im selben Jahr begann der Ausbau des Hotels Monopol am Wallrafplatz 5 zum neuen Funkhaus, in dem 1950 der Sendebetrieb aufgenommen wurde. 1956 spaltete sich der NWDR in NDR und WDR auf, die Abteilung Fernsehen bestritten beide jedoch bis ins Jahr 1961 gemeinsam.

Containerbau setzt Akzente Der WDR wächst weiter, wieder muss ein neuer Firmensitz bezogen werden. Im Sommer 1996 packen die ersten der rund 350 Mitarbeiter die Kartons für den Umzug in die neuen WDR Arkaden. Nach zweieinhalbjähriger Bauzeit ist das vom Architekten Gottfried Böhm (geb. 1920) entworfene zehngeschossige Einkaufs- und Kommunikationszentrum in der Kölner Breite Straße 16–26 fertiggestellt. Auf der Fläche eines tristen Parkplatzes in der Kölner City hat der mehrfach preisgekrönte Architekt ein siebenstöckiges Gebäude entworfen, das an der ansonsten von Autos geprägten Nord-Süd-Fahrt einen ungewöhnlichen städtebaulichen Akzent setzt. Was äußerlich an übereinander gestapelte Container erinnert, entfaltet sich im Inneren ungewohnt offen und durchlässig. Während in den oberen Stockwerken die Bürogebäude des WDR beheimatet sind, befindet sich im Erdgeschoss eine Ladenzeile. Schmuck, Damenmode, Blumen, der rundfunkeigene Laden mit Artikeln rund um die „Maus" aus der gleichnamigen Sendung, ein japanisches Restaurant und zwei Cafés laden hier zum Einkaufen und Entspannen ein.

Oper Köln

Neuaufbau in der Nachkriegszeit

Um 1902 Theaterbesuche gehörten im ausgehenden 19. Jahrhundert zu den beliebtesten Freizeitvergnügen der Kölner Bürger. Nach weitgehenden Eingemeindungen umliegender Orte in das Kölner Stadtgebiet sah der Stadtrat daher 1898 die Notwendigkeit für ein weiteres Bühnenhaus zusätzlich zum Stadttheater in der Glockengasse und beschloss im Mai einen Neubau am Habsburger Ring zwischen Aachener und Richard-Wagner-Straße. Stadtbauinspektor Carl Moritz (1863–1944) konnte den hierfür ausgeschriebenen Architektenwettbewerb für sich entscheiden. Nach seinem Entwurf wurde das neue Gebäude mit 1800 Plätzen und einem Restaurant mit Gartenterrasse in Wilhelminischem Stil für 3,9 Millionen Reichsmark erbaut und nach nur zwei Jahren Bauzeit im Jahr 1902 eröffnet. Neben Theatervorführungen kamen hier auch Opern zur Aufführung. Da jedoch im Lauf der Zeit in Köln neue Vergnügungsstätten wie Varietés und Lichtspieltheater eröffnet wurden, die den Schauspielhäusern den Rang abliefen, mussten die städtischen Bühnen bereits von 1905 an subventioniert werden. Gegen Ende des Zweiten Weltkrieges wurde das Opernhaus im Bombenhagel massiv getroffen und stark beschädigt. Obwohl wiederaufbaufähig, entschloss man sich 1958 zum Abriss der Ruine.

Klassiker der Moderne Am 8. Mai 1957 weihte der damalige Bundeskanzler Konrad Adenauer den ersten Opernneubau der Nachkriegszeit ein. Die neue Oper bietet beachtlichen 1346 Zuhörern Platz, insbesondere die spektakulären, sich scheinbar ausrollenden Logen stehen für die kühne Modernität des Gebäudes aus der Feder des Architekten Wilhelm Riphahn (1889–1963), der den Wiederaufbau Kölns stark geprägt hat. Von den Kölnern liebevoll „Grabmal des gescheiterten Intendanten" genannt, war die neue Oper jedoch ganz im Gegenteil die große Bühne zahlreicher triumphaler Ur- und Erstaufführungen. Als ein halbes Jahrhundert später gut sichtbar der Beton bröckelte, beschloss die Politik Abriss und Neubau, hatte die Rechnung aber ohne die Bürger gemacht. Ein Proteststurm brandete auf, und schließlich mussten sich die Stadtoberen zähneknirschend dem Druck der Öffentlichkeit beugen. Ab 2012 wurde die Oper saniert, um ab 2015/16 wieder eine würdige Bühne für Sänger und Sängerinnen von Weltformat zu sein.

Opernpassage
Mit baulicher Veränderung zu mehr Übersichtlichkeit

1964 Parallel zur Schildergasse und nördlich von Breite und Ehrenstraße wird die erste Einkaufspassage Kölns, die Schweizer Ladenstadt, eröffnet. Auf dem Gelände, auf dem einst der Hersteller der Parfümmarke 4711 sein weltberühmtes „Eau de Cologne" herstellte, entsteht ein Ladenkomplex. Mit zwei Tiefkellern als Lager, einem verwinkelten Erdgeschoss für Verkaufsräume und drei Obergeschossen als Parketagen überstand das Gebäude viele schwere Jahre wirtschaftlichen Rückgangs, bis die Aufstockung um zwei Bürogeschosse zu Anfang der 1980er-Jahre zu mehr Akzeptanz in der Bevölkerung führte. In Anlehnung an die Türme des Kölner Doms im Mittelpunkt des Logos erhielt die Einkaufsgalerie nun den Namen „Kölner Ladenpassage".

Neue Ladenkonzepte 1998 erwarb die Brune-Gruppe, die unter anderem auch die Kölner Neumarkt-Galerie konzipierte, das Objekt und entwickelte ein neues Ladenkonzept mit einem vielseitigen Branchen-Mix. Aufgrund der Nähe zur Oper wurde aus dem ältesten innerstädtischen Einkaufszentrum im Rahmen der dritten Umbenennung die „Opernpassage". Die Fassade, sämtliche Schaufenster, Böden, Decken sowie die gesamte Gebäudetechnik wurden Anfang 2000 unter den Aspekten „attraktiv und wirtschaftlich" komplett erneuert. Doch nicht nur in punkto Architektur ist der Wandel vollbracht, auch in Sachen Image hat die Opernpassage an Profil gewonnen. Hier finden die Kölner ein breites Warenangebot wie sonst kaum irgendwo anders in der Stadt.

Richmodisturm

Entstehung einer Symbiose von Alt und Neu

Um 1920 Die Richmodstraße und der achteckige Richmodisturm fehlen auf keiner Kölner Sightseeing-Tour. Noch heute sind die beiden weißen Pferdeköpfe erhalten, die seit dem 14. Jahrhundert aus dem Turmfenster auf das Geschehen in der Straße hinunterblicken. Ihre Entstehung erzählt eine kuriose Legende: Als 1349 in Köln die Pest herrschte, erkrankte auch die schöne Richmodis, Ehefrau des angesehenen Patriziers Mengis von Aducht, an der Seuche. In der Annahme, seine Gattin sei dem „Schwarzen Tod" erlegen, ließ er sie hastig auf dem Kirchhof an St. Aposteln beisetzen. Doch die edle Dame war nur scheinbar tot. Räuber, die den ihr als Grabbeigabe beigefügten Schmuck stehlen wollten, befreiten die Hilflose aus ihrem zu frühen Grab. Als die Totgeglaubte an ihrer Haustüre um Einlass flehte, rief der entsetzte Ehemann ihr durch die Tür zu: „Das ist so viel wahr, dass du mein Eheweib bist, als auch meine Rosse aus dem Stall hinauf auf den Söller (Austritt am oberen Stockwerk) rennen". Weil aber genau dies noch im gleichen Augenblick geschah, ließen die Eheleute zum Andenken an dieses Ereignis am oberen Stockwerk ihres Hauses am Neumarkt 6 die Pferdeköpfe anbringen.

Pulsierendes Geschäftsleben Von dem einstigen Gebäude hat nur der nach einem Entwurf von Paul Bonatz (1877–1956) im alten Stil erbaute Treppenturm den Bombenhagel des Zweiten Weltkriegs überlebt. Wie bereits bei seinem Vorgängerbau vor dem Zweiten Weltkrieg schufen auch die Planer der Nachkriegszeit beim Neubau der Richmod's-Passage eine Symbiose von Alt und Neu und integrierten den sagenumwobenen Turm wieder in das Gebäude. Heute dominiert und pulsiert das Geschäftsleben in der Richmodstraße. Shopping-Freunde erleben hier vielfältige Einkaufsfreuden, Lifestyleangebote und kulinarische Spezialitäten, so weit das Auge reicht. Elegante Boutiquen sind hier ebenso vertreten wie große Modehäuser, Designer-Stores und Dekorationsgeschäfte.

Neumarkt

Vom beschaulichen Marktplatz zum Verkehrsknotenpunkt

1880er-Jahre Der Neumarkt ist nicht nur Kölns größter freier Platz in der Innenstadt, sondern auch der belebteste. Früher wie heute ist der Neumarkt ein bedeutender Handelsplatz. Wenn er Geschichten erzählten könnte, würden die Bücher, voll mit Anekdoten über die Jahrhunderte hinweg, ganze Bibliotheken füllen. Auch so manches Schimpfwort wie „Nümaatskrat" (Neumarktskröte), das sich schon die Pferdehändler Ende des 19. Jahrhunderts an den Kopf warfen und das auch heute noch einen wüsten, zum Gesindel gehörenden Menschen bezeichnet, wäre dann leichter verständlich. Am 10. Februar 1823 war der Neumarkt zudem erstmals Schauplatz des Kölner Rosenmontagszugs. Bis zum Ausbruch des Zweiten Weltkrieges umkreisten die Wagen des „Helden Carneval" mit seinem Hofstaat „de Nümaat".

Dreh- und Angelpunkt Im Frühjahr 1945 waren die in Richtung Zentrum führenden Straßen von gewaltigen Bombentrichtern übersät, und der Neumarkt wirkte wie umgepflügt. Nur wenige halbwegs intakte Bauten ragten noch aus der Trümmerlandschaft hervor. Unzählige fleißige Hände trieben jedoch die Wiederbelebung des zentralen Platzes im Eiltempo voran. Der erste, am 19. Dezember 1956 veranstaltete „lange Samstag" wurde für die Geschäftsleute zu einem riesigen Erfolg. Mit der Freigabe des zweiten Kölner U-Bahnabschnitts im Oktober 1969 wurde die Station Barbarossaplatz mit der Poststraße und dem Neumarkt verbunden. Heute ist der Neumarkt mit mehreren Linien der U- sowie der Stadtbahn und zusätzlichen Busverbindungen zentral ins städtische Verkehrsnetz eingebunden.

St. Aposteln und Neumarkt Passage

Vom Reiz architektonischer Kontraste

Anfang 1960er-Jahre Nach Kriegsende waren die Straßen rund um den Neumarkt von Bombentrichtern übersät. Bis auf wenige unbeschädigte Bauten glich das Viertel einer Trümmerlandschaft. Insbesondere die dreischiffige Basilika St. Aposteln war schwer getroffen. Nach dem Abschluß der ersten Restaurierungsarbeiten im Jahr 1957 dauerte es bis 1966, bis die langwierigen Arbeiten mit der Wiederherstellung der Ostpartie fortgesetzt wurden. Im Umfeld wuchs unterdessen ein buntes Sammelsurium an Einzelhandelsgeschäften heran, um sich Jahrzehnte später zu einer der modernsten Einkaufswelten Kölns, der Neumarkt Passage, zu entwickeln. Auch die von der romanischen Kirche ausgehende Apostelnstraße erblühte nach und nach zu einer kleinen, aber feinen Einkaufsstraße mit einem ebenso vielfältigen wie auserlesenen Angebot.

Oasen in der Großstadthektik Architektonisch völlig konträr, haben die Kirche St. Apostel und die Neumarkt Passage doch eine Gemeinsamkeit: Sie sind, jede auf ihre eigene Art, monumentale Oasen der Ruhe inmitten des hektischen Großstadtverkehrs. Auf der einen Seite bietet das Gotteshaus, das seit 1965 den päpstlichen Ehrentitel einer Basilica minor führen darf, die Möglichkeit zur stillen Einkehr, auf der anderen Seite begeistert im Inneren der Passage die Aussicht, den stressfreien Einkauf mit Kunst und Kultur zu krönen. Denn neben vielen aktuellen Veranstaltungen sind mit dem Käthe-Kollwitz-Museum und dem Lew Kopelew Forum im lichtdurchfluteten Innenbereich in der Neumarkt Passage gleich zwei international bedeutende Institutionen zu Hause, in denen Werk und Erbe zweier bekennender Humanisten gepflegt und präsentiert werden.

Hahnentorburg

Die Stadt feiert ihr neuerblühtes Prachtstück

Um 1900 Schon zur Zeit der Wende zum 20. Jahrhundert kann die Hahnentorburg auf eine altehrwürdige Tradition zurückblicken. Als die Könige noch in Aachen gekrönt wurden, zogen sie nach der glanzvollen Zeremonie durch die Torbögen der um das Jahr 1264 erstmals erwähnten Hahnentorburg zum Schrein der Heiligen Drei Könige im Kölner Dom. Noch vor der Jahrhundertwende wurde hier Stadtgeschichte geschrieben: Am 18. Mai 1877 fand am Hahnentor die Eröffnung der ersten Strecke der Kölner Pferdebahn statt. Um 1890 ist zudem das Ende der Restaurierungsarbeiten der Hahnentorburg durch Stadtbaumeister Josef Stübben (1845–1936) für die Kölner Bürger ein willkommener Anlass, dem berüchtigten Kölschen Froh- und Feiersinn freien Lauf zu lassen. Im Zweiten Weltkrieg wurde die Torburg zwar schwer beschädigt, nach 1945 konnten die Kriegsschäden jedoch zügig beseitigt werden, und durch eine verglaste Brücke wurde eine Anbindung an den neu gestalteten Rudolfplatz geschaffen.

Party-Zone Doch der Zahn der Zeit sollte auch an diesem Gebäude nicht spurlos vorübergehen. Zwar finden hier – wegen der einmaligen Kulisse und des Engagements der Ehrengarde der Stadt Köln 1902 e. V., die hier 1989 ihr Domizil bezog – jahraus, jahrein ungezählte Open-Air-Veranstaltungen und Feiern statt. Dennoch waren die Sanierungungsmaßnahmen für Hahnentorburg unabdingbar. Der Abschluß der elfmonatigen Sanierung im Jahr 2007 war daher für alle ein willkommener Grund zum Feiern, und das historische Gebäude erstrahlt nun wieder in neuem Glanz. Seit dem Sommer des gleichen Jahres zählt das Gebäude zudem zu den rund 200 Förderprojekten der Deutschen Stiftung Denkmalschutz in Nordrhein-Westfalen.

Hohenzollernring

Querschnitt der Architektur bis heute

Um 1900 Die konsequente Umsetzung der Benennung der Ringstraßen in der chronologischen Reihenfolge der deutschen Herrscherhäuser, beginnend am Rhein, brachte es mit sich, dass die Kölner Stadtverordneten Anfang der 1880er-Jahre auch das preußische Herrscherhaus der Hohenzollern in die Liste der Straßennamensgeber aufnahmen. Dem Herrschergeschlecht mit Stammsitz im schwäbischen Bisingen, das zu den bedeutendsten deutschen Fürstenhäusern zählt, wurde der Abschnitt zwischen Aachenerstraße und Hildeboldplatz (Ecke Kaiser-Wilhelm-Ring/Bismarckstraße) gewidmet. Weniger fürstlich, doch nicht weniger bekannt ist der Name Robert Gerling (1878–1935), der am 4. Mai 1904 als Direktor seiner neu gegründeten Gesellschaft „Bureau für Versicherungswesen Robert Gerling & Co. mbH" am Standort Hohenzollernring 27 den Grundstock für den heute so renommierten gleichnamigen Konzern legte.

Facettenreiche Architektur Die Gebäudesilhouette der viel befahrenen, mehrspurigen Allee steht heute für den ebenso permanenten wie komplexen Wandel des städtischen Lebens, der den Hohenzollernring auch für die Kölner immer wieder zu einem überraschenden Erlebnis werden lässt. Wer die Straße entlangschlendert, entdeckt zwischen den Neubauten der Nachkriegszeit und den Bauwerken der jüngsten Generation hier und da noch einige Fragmente der Architektur des 19. Jahrhunderts. Ebenso facettenreich ist das hiesige Genuss- und Vergnügungsangebot: Auf der Flaniermeile mit ihren zahlreichen Kinos, Discotheken und Spielhallen findet alljährlich das weit über die Stadtgrenzen hinaus bekannte Ringfest statt.

Hohenstaufenring

Vom Boulevard zur Einkaufsstraße

Um 1885 Am 25. Mai 1882 beschlossen die Kölner Stadtverordneten, den Ringabschnitt vom Hahnentor bis zum damaligen Weyertor entsprechend der Benennung der Ringstraßen nach deutschen Herrscherfamilien „Hohenstaufenring" zu taufen. Namensgeber waren die Hohenstaufen, ein schwäbisches Adelsgeschlecht auf dem Staufenberg in der schwäbischen Alb nahe Göppingen. Zwischen 1884 und 1886 entstand am Hohenstaufenring/Ecke Badstraße (heute Schaevebstraße) unter der Federführung des Stadtbaumeisters Herrmann Josef Stübben (1845–1936) das alles überragende, prachtvolle Hohenstaufenbad. Ein weiterer Glanzpunkt der Straße wurde 1889/1890 vom Architekten Herrmann Pflaume (1830–1901) im Stil der Neo-Renaissance errichtet: das Palais der Kölner Unternehmerfamilie Oelbermann.

Möbelhäuser und Gastronomiebetriebe Inzwischen sind die beiden prächtigen Gebäude, die einst den Hohenstaufenring dominierten, aus dem Straßenbild verschwunden: Das Hohenstaufenbad wurde im Zweiten Weltkrieg zerstört und 1958 endgültig abgerissen; am Oelbermann-Palais, das testamentarisch zu einem „Wohnheim für berufstätige evangelische Frauen und Mädchen" bestimmt worden war, hatte der Zahn der Zeit genagt, sodass es Anfang der 1980er-Jahre abgerissen werden musste. An seiner Stelle schossen ebenso wie in der gesamten Gegend Geschäftsgebäude im typischen Stil der Kölner Nachkriegsarchitektur wie Pilze aus dem Boden. In der Einkaufsstraße haben sich vornehmlich Einrichtungshäuser angesiedelt. Zwischen den vielen Fachgeschäften und Dienstleistungsunternehmen finden sich jedoch auch Restaurants, Cafés und Bistros zum Après-Shopping.

Allgegenwärtiger Rhein Dass Köln eine Stadt am Fluss ist, spürt man an jeder Ecke. Der Rhein trennt die Stadt in zwei Hälften und bietet immer ein beliebtes Ausflugsziel.

Vatter Rhing un de schäl Sick

Geprägt vom Rhein Nichts hat Köln so viel Wohlstand und Lebensqualität gebracht wie der Rhein, doch hat auch nichts die Kölner so sehr in Angst und Schrecken versetzt wie sein Wasser. Heute überspannen sieben Brücken im Kölner Stadtgebiet den Rhein – drei von ihnen führen nach Deutz. Seit 1888 ist die Domstadt um diesen Stadtteil reicher. Der einst als „schäl Sick" – die „schlechte Seite" – verspottete Bezirk ist dank Messe, ICE-Bahnhof, KölnArena und KölnTriangle für die Wirtschaft unverzichtbar. Und auch für den Blick auf die Kölner Altstadt gibt es keinen besseren Standort als von Deutz aus.

Rheinuferpromenade

Kölsche Riviera mit veränderter Silhouette

Um 1910 „Wat wör Kölle ohne der Dom?" – Wer glaubt, es könne nur die eine Antwort auf diese Frage geben, kennt noch nicht den Konter der gegenüberliegenden Rheinseite: „Wat wörn der Dom un Kölle ohne Düx?". Der erst seit 1888 zu Köln gehörende Stadtteil Deutz war und ist für viele das Beste, was die Rheinmetropole zumindest als Aussichtspunkt mit Blick auf die andere Rheinseite zu bieten hat. Denn nur von „de schäl Sick", wie sie die Kölner nennen, also von der „schlechten Seite" aus, bietet sich dem Betrachter der unvergleichliche Panoramablick auf den Kölner Dom, auf Groß St. Martin und die Altstadt. Bis zur Fertigstellung der Deutzer Brücke anno 1915 erreichten Fußgänger die Altstadt über den „Gierponte", eine Pontonbrücke, deren Ausfahrjoche bis zu 30 Mal täglich für passierende Schiffe geöffnet wurden.

Neue Idylle An der Frankenwerft legt die MS Wappen von Köln an. Der 1967 gebaute Rheindampfer zählt mit zwei Sonnendecks, zwei Bars, fünf Salons und 924 Tischsitzplätzen zu den drei größten Rhein-Passagierschiffen. Für die Gestaltung der heutigen Promenade am Rheinufer taucht die einst oberirdische Verkehrsstraße auf einer Länge von 500 Metern im 1982 fertiggestellten Rheinufertunnel ab. So können sich Besucher und Kölner an lauen Sommerabenden mit Blick auf den Rhein entspannt mit einem Kölsch zuprosten oder verliebte Paare direkt am Fluss entlang promenieren. Das Stadtpanorama ist heute wie damals eine Postkartenidylle, auch wenn inzwischen einige moderne Bauten die Stadtsilhouette erweitern. Seit der Eröffnung der Plattform im KölnTriangle 2006 lässt sich die Aussicht auf Dom, Groß St. Martin und Altstadt aus über 103 Metern Höhe umso intensiver genießen.

Mülheimer Brücke

Neubau der kriegszerstörten Vorgängerbrücke

1929 Wie abgesprochen erscheint am 13. Oktober 1929 das sich auf einer Rundreise befindliche Luftschiff „Graf Zeppelin" pünktlich zur großen Einweihungsfeier der Mülheimer Brücke. Vergessen sind die langwierigen Verhandlungen und Diskussionen, die den im Jahr 1926 beschlossenen Bau einer Brücke von Köln nach Mülheim verzögert hatten. Bis 1927 hatte noch die Mülheimer Schiffbrücke bei Stromkilometer 691,9 für die Verbindung zwischen links- und rechtsrheinischem Ufer gesorgt. Die erste Brückenkonstruktion hatte allerdings fast bis auf den Tag genau nur 15 Jahre Bestand. Der damalige Oberbürgermeister Konrad Adenauer (1876–1967) hatte sich nach der Eingemeindung Mülheims für den Entwurf einer neuen Kabelhängebrücke stark gemacht. Auch der Anstrich im „Kölner Brückengrün", das zum Vorbild für den Anstrich von einem Großteil der sieben Kölner Brücken werden sollte, erfolgte auf Anregung Adenauers. Mit 315 Metern Spannweite war die Mülheimer Brücke seinerzeit die längste Brücke Europas und mit Baukosten von rund 10 Millionen Reichsmark auch eine der teuersten. Im Oktober 1944 wurde sie jedoch als erste Kölner Rheinbrücke bei einem Luftangriff zerstört.

Generalüberholung Wenn auch als eine der ersten im Zweiten Weltkrieg zerstört, so zählte die Mülheimer Brücke doch zu den letzten Brücken, die nach dem Krieg wiederaufgebaut wurden. Wohl nicht ganz zufällig begannen die Arbeiten hierzu am 13. Oktober 1949, dem Jahrestag ihrer Einweihung. Am 8. September 1951, nach knapp zweijähriger Bauzeit, wurde dann das neue Bauwerk eingeweiht. Die neue Brücke nutzte dabei die Pfeiler ihrer Vorgängerin. Allerdings wurde sie diesmal als echte Hängebrücke konstruiert, bei der die Seile in der Erde verankert wurden. So wirkt der Brückenkörper der 12,2 Millionen D-Mark teuren Brücke leichter und schlanker als der ursprüngliche Bau. Durch einen Umbau der Brückenfahrbahnen konnte in den Jahren 1976/77 zudem ein separater Gleiskörper für die Stadtbahn integriert werden.

Rheinseilbahn

Ein Kuriosum setzt sich durch

1966 Ab dem 22. August 1966 befördert die Rheinseilbahn auf einer etwas veränderten und auf fast einen Kilometer verlängerten Strecke wieder Touristen über den Rhein. Ab 1963 war sie für einen Brückenneubau gesperrt und zwischenzeitlich sogar demontiert worden. Anlässlich der Eröffnung der Bundesgartenschau 1957 in Köln war die Seilbahn, die die Großveranstaltung bis heute überdauert hat, erstmalig in Betrieb genommen worden. Die Seilschwebebahn verbindet zwei grüne Oasen der Stadt, den Rheinpark in Deutz und den Zoo in Riehl, miteinander. Nachdem die 1967 eröffnete Trierer Kabinenbahn 2001 den Betrieb eingestellt hatte, war die Kölner Rheinseilbahn ein Jahrzehnt lang die einzige ihrer Art in Deutschland – bis 2011, ebenfalls zur Bundesgartenschau, die Koblenzer Seilbahn ihre Pforten öffnete. Zwei Stützpfeiler links und rechts des Rheins sichern die Kabinen der Rheinseilbahn, dazwischen gleiten sie über der Zoobrücke 500 Meter frei schwebend von Ufer zu Ufer.

Immer noch Kölns sicherstes Verkehrsmittel Rund 17,5 Millionen Personen gondelten bis 2014 ohne ernsthafte Störfälle über den Rhein. Weit über ein halbes Jahrhundert war die Unfallstatistik der Rheinbahn makellos – bis am 21. Oktober 2014, kurz vor der Winterschließzeit, das Sturmtief „Gonzalo" über die rheinische Metropole fegte und fast für eine Katastrophe gesorgt hätte. Eine Gondel sprang aus dem Seil und klemmte fest, nichts ging mehr, und in den folgenden Stunden mussten insgesamt sechs Fahrgäste, darunter zwei kleine Kinder, bei widrigsten Wetterverhältnissen von einer Spezialtruppe der Kölner Feuerwehr abgeseilt und gerettet werden. Ihren Ruf als vielleicht sicherstes Verkehrsmittel der Welt ist die Rheinseilbahn damit los – unbestritten ist sie aber immer noch Kölns sicherstes Verkehrsmittel. Und ebenso sicher wird man auch in Zukunft bei Nachtfahrten das beleuchtete Stadtpanorama genießen oder sich in der goldenen Hochzeitsgondel das Jawort geben können – wenn Petrus mitspielt und die Zeichen nicht auf Sturm stehen ...

Wasserschutzpolizei

Ordnung auf dem Wasser

1930er-Jahre Die Ursprünge der heutigen Kölner Wasserschutzpolizeiwache gehen bis ins Jahr 1919 zurück. Als am 1. Oktober der damalige Reichswasserschutz gegründet wurde, gingen die zuvor auf den Wasserstraßen tätigen, zur Marine gehörigen Motorbootflottillen in die Wasserschutzflotte des Reichsinnenministeriums über. Die „Rheinpolizei" war erst im August 1920 nach dem Ende des Ersten Weltkriegs gegründet worden. Am 31. März 1931 wurde der Reichswasserschutz durch den Reichspräsidenten Paul von Hindenburg (1847–1934) aufgelöst und in die Länderhoheit überführt. Erst im September 1931 wurde die Bezeichnung „Wasserschutzpolizei" eingeführt. Sparzwänge und der Zweite Weltkrieg ermöglichten den Beamten später teilweise nur einmal im Monat eine längere Bootsstreife, ansonsten mussten sie mit dem Fahrrad und zu Fuß Dienst tun. Mit der Gründung des Landes Nordrhein-Westfalen am 1. Januar 1947 ging die Wasserschutzpolizei in die Hoheit der Landesregierung über.

Moderner und vielseitiger Im Lauf der Zeit wurden die Wasserschutzboote immer moderner und die Aufgaben der Wasserpolizei, die seit Kurzem dem Polizeipräsidium Duisburg unterstellt ist, immer vielfältiger. Mittlerweile zählen die Regelung und Überwachung des Schifffahrtsverkehrs auf der 40 Kilometer langen Rheinstrecke zwischen Weiss/Zündorf und Monheim-Baumberg sowie die Vorbeugungs- und Rettungsmaßnahmen bei Schiffsunfällen und Gewässerverunreinigungen bis hin zum Sicherheits- und Ordnungsdienst auf dem Rhein zu ihrem Verantwortungsbereich. So haben die Wasserpolizisten bei Großveranstaltung wie dem Besuch Papst Benedikts XVI. in Köln im August 2005 alle Hände voll zu tun, um nicht nur die Geschehnisse auf dem Wasser, sondern auch die am Ufer sicher im Griff zu haben. Dabei werden sie von SEK-Kräften des Landes unterstützt. Zwei Boote stehen den Spezialeinsatzkommandos für derartige Zwecke zur Verfügung.

Bastei

Neuerungen rund um einen Gourmet-Tempel

1974 Schick und modern wirkt die Bastei am Konrad-Adenauer-Ufer in Köln schon Mitte der 1970er-Jahre. Noch zu Beginn des letzten Jahrhunderts war der ehemalige Sicherheitshafen in Köln, der sich bis dato an der Stelle der Bastei befunden hatte, bei der Anlage der Neustadt zugeschüttet und begrünt worden. Übrig blieb das Untergeschoss des Hafenturms der Befestigungsanlage, der ehemals zur Überwachung diente. Auf dem Turmsockel baute 1924 der Kölner Architekt Wilhelm Riphahn (1889–1963) seine „Bastei", eine moderne Restaurantanlage im Stil des Bauhauses. Riphahn selbst übernahm auch den Wiederaufbau des heutigen Gourmet-Tempels, nachdem dieser im Zweiten Weltkrieg stark zerstört worden war.

Modernes Ambiente An einem milden Januarabend zeigt sich die Kölner Bastei heute stilvoll erleuchtet. Im Hintergrund ist das 45-stöckige Colonia-Hochhaus zu sehen, das mit über 147 Metern als das höchste, überwiegend für Wohnzwecke genutzte Hochhaus Deutschlands gilt. Die Bastei ist heute Veranstaltungsort für besondere Festlichkeiten. Der beeindruckende Rundbau direkt am Rhein bietet ein exklusives Ambiente und einen fantastischen Panoramablick über den Fluss und das gegenüberliegende Ufer. 80 bis 200 Gäste können sich hier auf höchstem Niveau kulinarisch verwöhnen lassen.

koelnmesse

Ein Ausstellungsgelände wächst mit dem Erfolg

1925 Dem Engagement des damaligen Kölner Oberbürgermeisters Konrad Adenauer (1876–1967) ist es zu verdanken, dass die Kölner Messe am 11. Mai 1924 nach nur zweijähriger Planungs- und Bauzeit feierlich eröffnet werden konnte. Die Messe war auf Anhieb ein Erfolg. Auf 45 000 Quadratmetern präsentierten 2800 Aussteller ihre Neuheiten vor 600 000 begeisterten Besuchern. Am 16. Mai 1925 wurde die „Jahrtausend-Ausstellung der Rheinlande", eine Veranstaltung zur Demonstration gegen die Ruhrbesetzung – einen politisch-militärischen Konflikt zwischen dem Deutschen Reich und den belgisch-französischen Besatzungstruppen –, eröffnet. Ein weiterer Höhepunkt in der Anfangszeit der Messe war die Presseausstellung „Pressa" im Jahr 1928. Hierzu wurden die Hallen auf 66 000 Quadratmeter erweitert und mit einer Backsteinfassade ummantelt. Mit der Machtübernahme der Nationalsozialisten fand die rasante Entwicklung ein jähes Ende. Ab 1942 fanden keine Ausstellungen mehr statt, auf dem Gelände wurde ein Durchgangslager für die Deportation von Juden sowie Sinti und Roma in die Konzentrationslager eingerichtet. Im Zuge von Bombardierungen war Ende des Zweiten Weltkrieges das Messegelände zu etwa 85 Prozent zerstört.

Erfolg und Erweiterung in den 1970er-Jahren Der Wiederaufbau nach dem Zweiten Weltkrieg wurde zügig vorangetrieben. Schon im September 1947 fand auf einer Ausstellungsfläche von 10 000 Quadratmetern die erste Nachkriegsmesse statt. 1956 war die ursprüngliche Ausstellungsfläche in vollem Umfang wiederhergestellt. Die Vorläufer der „Internationalen Möbelmesse", der „Domotechnica" und der „Eisenwarenmesse" entstanden und die Fotografiemesse „photokina" sowie die Ernährungsmesse „anuga" wurden etabliert. Mit dem Erfolg wuchs auch das Messegelände, das bis 1977 um die Osthallen und das Congress-Centrum Ost erweitert wurde und damit auf insgesamt über 200 000 Quadratmeter anwuchs.

Größer und freundlicher Am 17. September 2004 wird der Grundstein für die neuen Messehallen gleich in der angrenzenden Nachbarschaft gelegt. Nach nur 16-monatiger Bauzeit ist das neue Gesicht der koelnmesse im Januar 2006 perfekt. Kompakt und übersichtlich, hell, großzügig, elegant und freundlich – so präsentieren sich die neuen Messehallen mit insgesamt 284 000 Quadratmetern Ausstellungsfläche. Der Eingang wurde im Zuge der Erweiterungen so gelegt, das er sich in heute in unmittelbarer Nähe zum ICE-Bahnhof Köln Messe/Deutz befindet. Auf dem alten Gelände in den historischen, denkmalgeschützten Rheinhallen siedelt sich in der neuen „Rheinpark-Metropole", dem größten Bürogebäude Deutschlands, der Fernsehsender RTL an.

photokina

Entwicklung zur weltweit größten Fotografiefachmesse

Mai 1950 Verdrängt sind die Schreckensbilder des Zweiten Weltkriegs, es leben die Fotos und Filme der Nachkriegszeit! Am 6. Mai 1950 öffneten sich erstmals die Tore zur photokina. Im Zuge des Rahmenprogramms beeindruckte der als „der Mann mit dem Hut" bekannte photokina-Mitbegründer Fritz Gruber (1908–2005) mit seinen Bilderschauen das Publikum. Bei der neuntägigen Ausstellung waren den Ausstellern zwei Dinge wichtig: Unter den Fachbesuchern wollten sie mithilfe der neuesten Technik das neue Markenzeichen „Made in Germany" etablieren, dem breiten Publikum wollten sie hingegen einen Blick hinter die Kulissen der Film- und Fernsehproduktionen ermöglichen. Das Konzept schlug ein, die photokina wurde zum Dauerbrenner. Profi- und Hobbyfotografen, Kameraleute und Amateurfilmer stürmen im Turnus von zwei Jahren die Kölner Messehallen, um Trends und zukunftsweisende Entwicklungen hautnah mitzuerleben.

Modernes Massenevent Die photokina hat sich im Lauf der Jahre nicht nur rasch zur weltweit größten und bedeutendsten Fachmesse für Fotografie entwickelt, sie ist heute auch ein Event. Weltweit erreicht kaum eine zweite Messeveranstaltung ein derart großes, internationales Medienecho. 2006 berichteten rund 5500 Journalisten über die Neuheiten der 1579 ausstellenden Unternehmen aus 46 Ländern, die auf einer Rekord-Ausstellungsfläche von über 230 000 Quadratmetern präsent sind. Über 160 000 Besucher aus 153 Nationen werden gezählt. So aufgestellt, bietet die Ausstellung einen idealen Rahmen für die Verleihung verschiedener Auszeichnungen und Preise wie beispielsweise des deutschen Kamerapreises.

Art Cologne
Kunstmessen im ständigen Umbruch

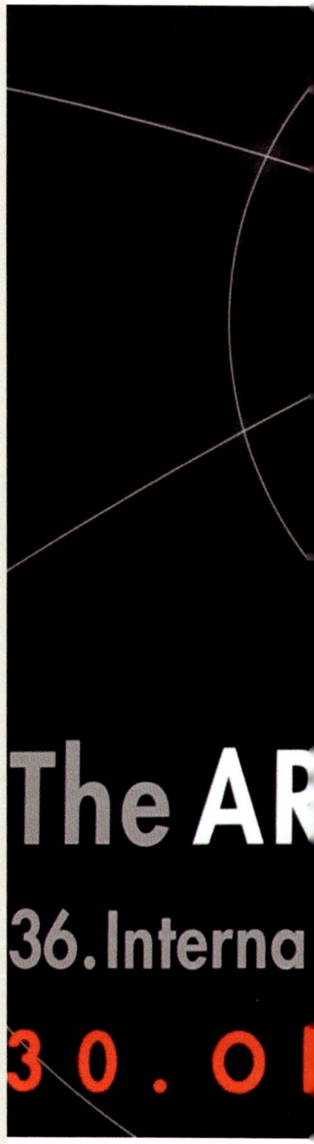

1973 Wenn es etwas Beständiges bei den Kölner Kunstmessen gibt, dann ist das der ständige Wechsel der Namen und der Konzepte. Zwar genießt Köln den Ruf, eine Kunststadt von Weltrang zu sein, was auch die vielen Kunstmessen belegen, die Jahr für Jahr stattfinden. Doch die „Mutter aller Kunstmessen" und Keimzelle des modernen Kunstmarktes wird seit ihrer Gründung von 18 „progressiven Händlern" im Jahr 1967 immer wieder von strukturellen Veränderungen erschüttert. Es ist vor allem die Nichtzulassung von Bewerbern, die der Messe zu schaffen machen. So trommelt auch ein Joseph Beuys in seinen Anfängen für mehr Demokratisierung und Öffnung der Messe an die Türen der Kunsthalle Köln, mit dem Erfolg, dass immer mehr experimentiert wird. Dazu zählt auch der Schulterschluss von 1971 mit dem verfeindeten Stadtnachbarn zur „Westdeutschen Kunstmesse Köln-Düsseldorf", die abwechselnd in einer der beiden rheinischen Metropolen stattfinden soll. 1973 findet sie zum zweiten Mal auf Kölner Boden statt.

Geliebt, getadelt, verhöhnt Die 36. Internationale Messe für Moderne Kunst Ende Oktober, Anfang November 2002 schmückte sich zum zweiten Mal mit dem Titel „The ARTPOLE of the World" und brachte ihren Anspruch mit einem senkrecht nach oben weisenden, visionär den Nachthimmel auslotenden Lichtkegel auf Plakaten und vor dem Haupteingang zum Ausdruck. Spötter und Kritiker waren sich allerdings einig, dass es nur eine einzige wirkliche Neuerung gab: Die kunstinteressierten Gäste konnten diesmal an kleinen Kiosken Speiseeis kaufen.

Inzwischen hat die Art Basel, die aktuell wohl bedeutendste Kunstmesse der Welt, der Art Cologne den Rang abgelaufen. Angesichts zunächst stagnierender, dann rückläufiger Besucherzahlen im neuen Jahrtausend verhallten die Rufe nach drastischen Reformen nicht mehr. Die Wende brachte der in der Schweiz geborene Amerikaner Daniel Hug, der 2008 neuer Direktor wurde. Er reformierte die Kunstmesse und führte sie zu neuem Ruhm. Während zu den Spitzenzeiten der Messe rund 300 Aussteller gezählt worden waren, ging die Zahl der Galerien zwischenzeitlich um die Hälfte zurück. Auf der 49. Art Cologne im April 2015 sind jedoch wieder deutlich über 200 Aussteller vor Ort. Und die beste Nachricht: an Speiseeis herrscht kein Mangel.

Hohenzollernbrücke
Auferstehung aus Kriegstrümmern

1925 Die zwischen Köln und Deutz über den Rhein führende Eisenbahn- und Straßenbrücke war im Jahr 1859 fertiggestellt worden. Zu diesem Zeitpunkt bezeichneten die Kölner sie noch als „Dombrücke". Nach ihrem Ausbau in der Zeit zwischen 1907 und 1911 taufte man sie zu Ehren Wilhelms II. (1859–1941), des aus dem Geschlecht der Hohenzollern stammenden Kaisers, dessen Denkmal schon seit einem halben Jahr zuvor die Südseite der Brücke zierte, auf den Namen „Hohenzollernbrücke".

15. Dezember 1945 Obwohl die Brücke eine der wichtigsten Eisenbahnverbindungen Deutschlands in der Kriegszeit war, wurde die Hohenzollernbrücke nicht durch alliierte Luftangriffe zerstört. Sie wurde erst zu Kriegsende beim Rückzug der Wehrmacht von deutschen Truppen gesprengt, konnte aber relativ schnell wieder notdürftig instand gesetzt werden. Dabei wurden aber die Portalbauten und Brückentürme der alten Brücke nicht wieder errichtet. 1959 waren die Arbeiten abgeschlossen. Seitdem ist die Hohenzollernbrücke mit ihrer charakteristischen Dreiteilung in jeweils drei Fachwerkbögen aus Eisen eine reine Eisenbahnbrücke.

Wiederaufbau und Erweiterung 1989 waren nach vier Jahren Bauzeit neben den Rad- und Fußwegen weitere drei Brückenteile angebaut worden, über die nun zwei zusätzliche Eisenbahngleise führen. Damit ist die fast 30 Meter breite und 410 Meter lange Brücke nunmehr sechsgleisig. Bei den Ausbauarbeiten wurde darauf geachtet, dass die als Baudenkmal geschützte Konstruktion stilistisch unverändert blieb. Nachts werden die eleganten Bögen der Hohenzollernbrücke außerdem stimmungsvoll angestrahlt.

Hohenzollernbrücke
409 geschichtsträchtige Meter

1936 Am 7. März ließ Adolf Hitler Wehrmachtstruppen in das entmilitarisierte Rheinland einrücken, die wie hier an der Kölner Hohenzollernbrücke unter dem Jubel der Bevölkerung empfangen wurden. Der historische Schauplatz blickte zu dieser Zeit auf eine noch recht junge Geschichte zurück: Erst 1911 hatte die Hohenzollernbrücke nach vierjähriger Bauzeit die 1869 als zweigleisige Dombrücke errichtete Rheinbrücke ersetzt. Diese Verbindung zwischen Kölner Altstadt und dem Bahnhof Deutz hatte dem angewachsenen Verkehrsaufkommen nicht mehr standgehalten. Das neue Brückenwerk zeichnete sich dadurch aus, dass die drei nebeneinanderliegenden Brückenteile mit jeweils drei Durchfahrtöffnungen in Längsrichtung vier Eisenbahngleisen und einer Straße Platz boten. Das Bauwerk war die erste fest installierte Brücke seit der Römerzeit und sollte die Rheinprovinz symbolisch an das preußische Kernreich anbinden.

September 1946 Ende des Zweiten Weltkriegs spielen sich an der Hohenzollernbrücke dramatische Szenen ab: Zwar wurde die Brücke trotz der Bombenangriffe auf die Stadt im Kriegsgeschehen nicht wesentlich beschädigt, doch sprengten Pioniere der sich zurückziehenden deutschen Wehrmacht während des Vorrückens der amerikanischen Truppen die Brückenpfeiler. Den zerstörten Übergang ersetzte eine von der amerikanischen Besatzungsmacht errichtete Behelfsbrücke, die auch Amerikanerbrücke genannte Lt. General Lesley J. Monair Bridge. Diese wurde durch den Ansturm von Fußgängern und Kraftfahrzeugen – teils normaler Personenverkehr, teils rückkehrende Flüchtlinge und Baulaster, die beim Abräumen von Schutt und dem Wiederaufbau eingesetzt waren – stark frequentiert. 48 000 Fußgängern und 9000 Fahrzeugen passieren hier täglich den Fluß. 1952 wurde ein Brückenzug der Hohenzollernbrücke in seiner ursprünglichen Form mit drei Fachwerkbögen wiederhergestellt, um die Behelfsbrücke zu ersetzen. Der zweite Brückenzug folgte 1959.

Tonnenweise Liebesbeweise Irgendwann im Sommer 2008 muss es sich zugetragen haben. Ein verliebtes Paar, vielleicht aus Florenz, wo der Brauch ursprünglich herstammen soll, schlenderte über die Hohenzollernbrücke, er (oder vielleicht doch sie?) holte plötzlich ein Vorhängeschloss aus der Tasche, darauf die Initialen der beiden Turteltauben und das Datum jenes Tages. Ein Kuss, und schon hing das Schloss fest verschlossen am Geländer der Eisenbahnbrücke. Abertausende folgten seither dem Beispiel jener romantischen Pioniere und meißelten ihre Liebe nicht in Stein, sondern Metall. Kaum ein Fleckchen am Zaun ist noch frei, und doch kommen immer mehr Liebesschlösser hinzu. Zehntausende sind es bestimmt, und vielleicht muss man sogar noch eine Null anhängen – ganz sicher jedenfalls wiegen sie viele, viele Tonnen. Die Schlüssel der Liebesschlösser werden traditionell im Rhein versenkt, auf dass die Liebe ewig währe. Da sage noch einer, die Liebe sprenge alle Ketten …

Rheinfähre

Früher Notlösung, heute Ausflugserlebnis

1945 Seit dem 6. März 1945 sind die Pfeiler der Hohenzollernbrücke zerstört, und auch die Deutzer Brücke ist wenige Tage zuvor im Rhein versunken. Die Menschen, die aus der fast völlig zerstörten Kölner Innenstadt flüchten wollen, schauen resigniert auf die „schäl Sick". Ihre Blicke treffen auf ebenso niedergeschlagene und hoffnungslose Personen auf der anderen Rheinseite, die sich in den Trümmern des zerbombten Zentrums auf die Suche nach vermissten Angehörigen begeben wollen. Zwischen ihnen liegt eine knapp 400 Meter breite, nur schwer zu überwindende Wasserfläche. Auch wenn die Arbeiten am Wiederaufbau der Brückenverbindung zügig vorangehen und das Provisorium der Hohenzollernbrücke alsbald steht, entwickelt sich die Personenfähre zwischen Köln und Deutz in dieser Zeit zu einer der wichtigsten Verbindungen.

Touristische Rundfahrten Trotz der vielen Rheinbrücken hat die Fähre auch heute noch ihre Daseinsberechtigung – ebenso für den Berufs- wie für den Ausflugsverkehr. Zwar ist die Alternative zu den Rheinbrücken keine Kreuzfahrt, doch ein Erlebnis ist die Überfahrt von Köln Dom/Zentrum nach Deutz/Messe alle Mal, selbst wenn kein rechter Verlass auf die Fähre ist. Sie verkehrt im Sommer an schönen Tagen und an Messetagen bei Bedarf. Im Lauf der Zeit haben sich ober- und unterhalb der Hohenzollernbrücke verschiedene Passagierschiffgesellschaften angesiedelt, die von hier aus die beliebten Rundfahrten starten. Die Reedereien, darunter die „Weiße Flotte" der Traditionsreederei Köln-Düsseldorfer Deutsche Rheinschifffahrt (KD), starten von hier zu Rheinfahrten vor dem Kölner Altstadtpanorama, zu Abendfahrten mit Musik oder zum alten Fischerdorf Rodenkirchen im Süden von Köln.

Rheinhochwasser
Leben am Fluss zwischen Wohlstand und Wasser

1983 Für die Kölner hat „Vater Rhein" zwei Gesichter: Auf der einen Seite hat der bekannteste deutsche Fluss der Stadt im Lauf der Geschichte Wohlstand und Lebensqualität beschert, auf der anderen haben seine verheerenden Hochwasser immer wieder für immense Schäden gesorgt. Im vergangenen Jahrhundert stieg der Rhein in Köln 21 Mal über die kritische Neun-Meter-Marke und bescherte den Kölnern gleich drei sogenannte „Jahrhunderthochwasser": 1926, 1993 und 1995 wurden Pegelstände von bis zu 10,69 Meter gemessen. Der Normalpegel – also der über ein ganzes Jahr gemittelte Wasserstand – des Rheins in Köln beträgt 3,48 Meter. Da die Dokumentation der Pegelstände in Köln bis ins 14. Jahrhundert zurückreicht, lassen sich auch die jeweiligen Höchststände noch heute anschaulich nachvollziehen. Die schlimmste jemals verzeichnete Überschwemmung wurde im Februar 1784 gemeldet, als nach einem extrem langen und kalten Winter ein Temperatursprung einsetzte, der das Rheinwasser auf den Rekordpegel von 13,55 Meter anschwellen ließ. Die Fluten, auf denen schwere Eisschollen trieben, verwüsteten weite Teile der Uferbebauung und Schiffe; das rechtsrheinische Mülheim gar wurde völlig zerstört.

Erneute Überschwemmung Anfang der 1980er-Jahre stieg der Rheinpegel innerhalb von nur sechs Monaten zweimal bedenklich hoch an. Wurden am 29. November 1982 9,53 Meter gemessen, überraschte im Sommer 1983 die Flut sowohl die Kölner Bevölkerung als auch die Schifffahrt nochmals mit einem Hochwasserstand – ein Schreckensereignis, das statistisch gesehen nur alle 290 Jahre zu erwarten ist. Nur knapp entkam die Altstadt einer Katastrophe, denn die Rheinuferpromenade ist schon bei einem Wasserstand von 8 Metern überschwemmt, bei 10 Metern ist die Altstadt überflutet. Der Kölner Pegelstand wird heute regelmäßig am Pegelturm am Rheinufer gemessen. Ein Schwimmkörper im Turm überträgt den aktuellen Wasserstand auf die am Turm angebrachte Pegeluhr und gleichzeitig an eine elektronische Datenbank. Im Januar 2003 führte der Rhein mit einem Wasserstand von 9,65 Metern nochmals Hochwasser. Noch im September desselben Jahres wurde in Köln mit 80 Zentimetern hingegen der historisch niedrigste Rheinwasserstand gemessen.

Rheinpegel

Alltagsidylle und Jahrhunderthochwasser

1986 Der Blick über die Altstadt auf den Kölner Dom (im Hintergrund) und die Kirche Groß St. Martin (rechts) zeigt eine beschauliche Idylle. Vor der Häuserzeile in Rheinnähe spenden Bäume Schatten, im Vordergrund ist die mechanische Pegeluhr zu sehen. Wie eine normale Uhr hat sie zwei Zeiger: Der kleine Zeiger zeigt hierbei die Meter, der große die Dezimeter des Wasserstandes an. Bereits seit Beginn des 19. Jahrhunderts findet eine regelmäßige Messung des Rheinpegels statt: Zunächst hatte man einen Lattenpegel installiert, später liefern Pegelturm und -uhr die wichtigen Daten, die über einen auf der Wasseroberfläche des Rheins befindlichen Schwimmer ermittelt und auf mechanischem Weg zur Bewegung von Pegelschreiber und -uhr weitergeleitet werden.

Wasserstand 10,69 Meter Nur zwei Jahre nach dem Weihnachtshochwasser des Jahres 1993 überflutete im Januar 1995 wieder ein Jahrhunderthochwasser die Kölner Altstadt. Nach anhaltenden Regenfällen und bedingt durch die in den Mittelgebirgen einsetzende Schneeschmelze, stieg der Rheinpegel auf die Rekordhöhe von 10,69 Metern – der höchste Stand, der im 20. Jahrhundert jemals erreicht wurde. Nach Überschreiten der kritischen Hochwassermarke von 10 Metern überwand das Wasser die mobilen Hochwasserwände und überflutete die Altstadt. Mehr als 4000 Menschen, die in ihren Häusern eingeschlossen waren und deren Hab und Gut vom Hochwasser bedroht war, waren von den Überschwemmungen direkt betroffen. Der geschätzte finanzielle Schaden lag bei ungefähr 33 Millionen Euro.

Deutzer Brücke

Anpassung an die Erfordernisse der Zeit

1909 „Lor ens vun Düx noh Kölle, vum Zauber bes do platt" – so verheißt ein kölscher Mundartschlager einen fantastischen Panoramablick auf die Kölner Altstadt. Doch die vielen Generationen, die mehr als nur den Blick auf Köln wagen – sprich trockenen Fußes und ohne Boot hinüber in die „gute Stube" gelangen – wollten, mussten über 1400 Jahre warten, bis am 16. November 1822 die von etwa 40 Nachen getragene 400 Meter lange hölzerne Schiffsbrücke fertig gestellt war. Die Brücke war seit dem Abzug der römischen Truppen im 5. Jahrhundert der erste feste Rheinübergang zwischen Köln und „de schäl Sick", wie das rechtsrheinische Ufer von Einheimischen auch heute noch teils spöttisch, teils mit ironischem Stolz genannt wird. Schnell sorgte jedoch der zunehmende Schiffsverkehr auf dem Rhein bei den Fußgängern für längere Wartezeiten und bei den Fuhrwerken für die ersten Staus: Um Schiffe passieren zu lassen, mussten zwei Brückenjoche, die sogenannten Ausfahrjoche, aus dem Verband genommen werden. Anfangs geschah das drei Mal täglich und steigerte sich bis ins Jahr 1913 auf bis zu 30 Öffnungen am Tag. Daher kamen bereits 1881 Pläne auf, die alte Brücke zu ersetzen, 1898, 1910 und 1912 wurden drei Wettbewerbe hierzu ausgeschrieben. Spätestens seit der zweiten Ausschreibung war klar, dass eine Hängebrücke als Variante zu den Bogenformen der beiden bereits bestehenden Brücken – der Süd- und der Hohenzollernbrükke – favorisiert wurde.

Die neue Hängebrücke Eine Kettenhängebrücke, entworfen von dem Architekten Carl Moritz (1863–1944), machte das Rennen. Von 1913 bis 1915 in einer Rekordbauzeit von nur zwei Jahren errichtet, bestach die Deutzer Brücke durch ihre harmonische und elegante Form. Der Rhein wurde mit drei Bögen im Verhältnis 1 : 2 : 1 auf einer Gesamtlänge von 368,92 Metern und einer Nutzbreite von 18,20 Metern überspannt. Schwer beschädigt und durch Flüchtlinge und Militärfahrzeuge hoch belastet, brach sie 1945 während der Reparaturarbeiten zusammen. Die „neue" Deutzer Brücke war bei ihrer offiziellen Eröffnung nach nur 13 Monaten Bauzeit am 16. Oktober 1948 nicht nur die erste Straßenbrücke der Nachkriegszeit in Köln, sie wurde seinerzeit auch als die „schlankste Balkenbrücke der Welt" gefeiert.

Verbreiterung als Doppelbrücke In den Jahren 1976 bis 1980 wurde eine Zwillingsbrücke mit gleichem Profil, allerdings als Spannbetonkonstruktion, gebaut und so mit dem alten Brückenkorpus verbunden, dass die Straßenbahn zwischen den Richtungsfahrbahnen einen eigenen zweigleisigen Gleiskörper erhielt. Die Breite der kombinierten Brücken erhöhte sich hierdurch schließlich Rad- und Fußwege auf nunmehr 32,60 Meter. Der Stahlbetonkasten der Brücke mit einem rechteckigen Querschnitt ist innen hohl und birgt Versorgungsleitungen für Gas, Wasser, Strom und Telefon. Daneben beherbergt der Hohlraum in seinen drei begehbaren Räumen einen weit über die Stadtgrenzen hinaus bekannten Kunsttempel, der immer wieder für Ausstellungen und Konzerte genutzt wird.

Sonja
4801450

Reischplatz

Erinnerung an das Ende eines Toleranzgedankens

1930er-Jahre Eine einzige Nacht löschte den Gedanken der Toleranz und des friedlichen Zusammenlebens mit den jüdischen Mitbürgern in Köln-Deutz aus: In der Reichspogromnacht am 9. November 1938 wurden sowohl das Bethaus als auch die Religionsschule der jüdischen Gemeinde in Deutz von den Nationalsozialisten so schwer verwüstet, dass die Gemeinde ihren Mittelpunkt und somit ihre Existenz endgültig verlor. Nachdem die große Rheinüberschwemmung anno 1784 die erste Synagoge der Deutzer Juden zerstört hatte und der Bau der neuen Deutzer Hängebrücke im Jahr 1914 den Abbruch des 1786 neu errichteten Gebäudes erforderlich gemacht hatte, hatte die jüdische Gemeinde 1915 als drittes und letztes Gotteshaus ihr von der Stadt als Ersatz errichtetes Gebetshaus „Am Reischplatz 6" bezogen.

Gedenktafel zur Erinnerung Mit der Diktatur der Nationalsozialisten war die jüdische Gemeinde aus dem Stadtteil Deutz verschwunden. Was in napoleonischer Zeit begonnen hatte und sowohl in der preußischen als auch in der Weimarer Ära fortgesetzt und gepflegt worden war, fiel 1938 der Gewaltaktion der Nationalsozialisten zum Opfer. Im wiederaufgebauten und veränderten Gebäude „Am Reischplatz 6" – dem dritten und vor dem Krieg letzten Haus der jüdischen Gemeinde – befindet sich heute die Deutzer Polizei. Lediglich eine kleine Gedenktafel, in 3 Meter Höhe am Gebäude angebracht, erinnert noch an die Vorgeschichte.

Rheinhafen

Moderne Architektur im Hafenrevier

Um 1910 Bei dem historischen Blick auf den Kölner Rheinhafen erstrecken sich auf der linken Hafenseite Bayerstraße und Holzmarkt, rechts ist das Hauptsteueramt zu erkennen und im Hintergrund bestimmen der Kölner Dom und die Kirche St. Martin die Skyline. Der Rheinhafen wurde im Jahr 1898 nach sechs Jahren Bauzeit eröffnet. Das neue Hafenbecken sollte dabei helfen, den mit Aufkommen der Dampfschifffahrt und der neuen Eisenbahnen boomenden Handel zu bewältigen. Auf einer natürlichen Rheininsel südlich der Kölner Altstadt, die ehedem als Naherholungsgebiet gedient hatte, wurden das Hauptdienstgebäude des Zollhafens sowie Gleisanschlüsse und Hafenkräne errichtet. Auf der historischen Ansicht gut zu erkennen ist das seinerzeit fertiggestellte 170 Meter lange Lagergebäude, das im Volksmund aufgrund seiner äußeren Form mit spitzem Dach und sieben Giebeln auch schnell als „Siebengebirge" bezeichnet wurde.

Boomende Bauprojekte Nach dem Zweiten Weltkrieg verlor der Rheinhafen nach und nach seine Bedeutung als Wirtschaftshafen, sodass im Lauf der Zeit eine Umgestaltung stattfand und er anderweitig genutzt wurde. Heute zeigt der von einer stetigen Bautätigkeit geprägte Hafen ein modernes Antlitz. Besonders seit 1998 befindet sich der Rheinhafen in einer Phase der Umstrukturierung. Aufwendige Neubauten entstehen, aber auch Historisches wird bewahrt. So bleibt das „Siebengebirge" ebenso wie das ehemalige Hafenamt erhalten und wird renoviert. Im ehemaligen Hauptdienstgebäude des Zollhafens ist nun das Kölner Schokoladenmuseum untergebracht. Die neu entstandenen Kranhäuser hingegen werden als Büro-, Geschäfts- und Wohnräume genutzt.

Rheinauhafen

Nutzung neu definiert

Um 1900 Im Jahr 1890 reagierten die Stadtväter auf das steigende Handelsaufkommen mit Plänen zum Bau eines neuen Hafenbeckens und wählten als Standort eine natürliche Rheininsel südlich der Altstadt. Diese hatte den Kölnern bis dahin als Erholungsgebiet gedient. Der vorläufig „Becken am Bayen" genannte Hafen wurde mit Baubeginn anno 1892 in „Rheinauhafen" umbenannt. Die offizielle Eröffnung wurde 1898 gefeiert. Im Norden war der Zollhafen mit dem Hauptdienstgebäude angesiedelt, am Südende befanden sich das städtische Hafenamt, ein Maschinenhaus sowie ein Lokschuppen. In den Jahren 1909/1910 entstand im Süden des Hafengeländes ein 170 Meter langes Lagergebäude, das aufgrund seiner sieben Giebel im Volksmund „Siebengebirge" genannt wurde.

Neue Skyline Nach dem Zweiten Weltkrieg verlor der Rheinauhafen im zentrumsnahen Süden der Stadt peu à peu seine wirtschaftliche Bedeutung. Von der Halbinsel Werthchen bis zum Südkai harrte schließlich ein riesiges, knapp eine Viertelmillion Quadratmeter großes Areal seiner Neugestaltung. 1998 rollten die Bagger an, und die Neugestaltung begann. Seither erstrahlte das Rheinufer auf Höhe der Südstadt in neuem Glanz und wurde zu einer riesigen „Freizeit- und Erholungsanlage" mit zahlreichen Wohn- und Bürokomplexen. Im Sommer 2014 war die Neugestaltung des ehemaligen Hafengebiets weitgehend abgeschlossen – und Köln hatte nicht nur eine neue Skyline, sondern ein neues Wahrzeichen: die imposanten Kranhäuser. Knapp 62 Meter hoch, 70 Meter lang und annähernd 34 Meter breit, sind sie schon von weither ein spektakulärer Blickfang. Keine Frage, mit ihnen ist Köln auch architektonisch im 21. Jahrhundert angelangt ...

Niedliche Maskottchen Was für Berlin und Nürnberg die Eisbären, sind für die Kölner ihre Elefanten. Im neu gestalteten Elefantenhaus im Kölner Zoo fühlt sich der Nachwuchs von asiatischen und indischen Elefanten pudelwohl.

Nit zu verjesse ...

Wahrzeichen abseits der Touristenpfade Was verbinden Nicht-Kölner neben dem alles überragenden Wahrzeichen mit der Domstadt? Übersee-Touristen nennen zunächst den „Airport Köln/Bonn – Konrad Adenauer", der heute der viertgrößte Flughafen Deutschlands ist. Autoliebhaber wie Unternehmer denken an die Ford-Werke mit ihren rund 30 000 Mitarbeitern. Für Familien gehören der Zoologische Garten im Stadtteil Riehl und die Stadt Köln einfach zusammen. Konzertfans wiederum nennen die Jahnwiesen mit ihren Open-Air-Festivals in einem Atemzug mit der Domstadt. Und für Studierende ist Köln eine der beliebtesten Universitätsstädte schlechthin. Köln lebt auch jenseits der Innenstadt!

Ford

Von der Werksanlage zum Industrie- und Gewerbezentrum

1930er-Jahre Am 19. Oktober 1929 jubelte das „Kölner Tageblatt" auf seiner Titelseite: „Die deutsche Ford-Fabrik kommt nach Köln". Knapp ein Jahr später, am 2. Oktober 1930, legten Betriebsgründer Henry Ford I. (1863–1947) und Oberbürgermeister Konrad Adenauer (1876–1967) den Grundstein für das Werk im Kölner Stadtteil Niehl. Auf dem 170 000 Quadratmeter großen Gelände mit 280 Metern Front unmittelbar am Rhein entstand in einer Rekordbauzeit von einem halben Jahr die 33 000 Quadratmeter große Halle A. Das zur damaligen Zeit mit einem Kostenaufwand von 12 Millionen Reichsmark errichtete Gebäude steht heute unter Denkmalschutz und beherbergt die europäische Firmenzentrale „Ford of Europe". Zur offiziellen Einweihung am 12. Juni 1931 reisten auf der Sternfahrt „Europa fährt zu Ford am Rhein" rund 10 000 Teilnehmer an. Doch den Autos haftet seit der Weimarer Republik ein Makel an: Obwohl sie eingedeutschte Namen wie „Eifel", „Rheinland" und „Taunus" trugen, waren und blieben sie immer noch amerikanische Autos und waren deshalb in Deutschland weitestgehende verpönt – auch wenn sich der Konzern alle Mühe gab, die amerikanische Herkunft vergessen zu machen und Ford-Autos so deutsch wie möglich aussehen zu lassen. Ab August 1933 trugen alle in Köln produzierten Ford-Fahrzeuge im Markenzeichen den Zusatz „Deutsches Erzeugnis". Das ovale Ford-Symbol wurde 1937 durch ein Wappen mit Fabrik, Kölner Dom und der Aufschrift „Ford Köln" ersetzt.

Ford ist Köln Durch die Bombenangriffe des Zweiten Weltkriegs wurde das Ford-Werk in Köln nur leicht in Mitleidenschaft gezogen, sodass die amerikanischen Truppen es bei ihrem Einmarsch nahezu unbeschädigt vorfanden. Weil die Werksleitung zuvor einen Großteil der Anlagen ausgelagert hatte, konnte bereits im Mai 1945 die Produktion von Lkw, Austauschmotoren und Einzelteilen wieder beginnen. In direkter Nachbarschaft siedelten sich im Laufe der Zeit immer mehr Zulieferfirmen an. Heute werden Köln und Ford nahezu in einem Atemzug genannt. Auch weil sich mittlerweile am Werksstandort der größte der Kölner Rheinhäfen befindet und hier ein Werk der Petrochemie, eine Müllverbrennungsanlage, ein mit Erdgas als Brennstoff betriebenes Heizkraftwerk und eine Großdruckerei beheimatet sind, gilt Niehl als der wichtigste Industrie- und Gewerbestandort der Stadt Köln.

Ford

Wachstum und Inbegriff für Fortschrittlichkeit

1930er-Jahre Mit der Produktion des Ford A-Modells rollten seit dem 2. Juni 1931 in Köln die ersten hier produzierten Wagen des amerikanischen Automobilherstellers Ford vom Band. Anfangs sorgten 619 Mitarbeiter für ein zwar reibungsloses, allerdings noch sehr mühsames und schweißtreibendes Zusammenschrauben der Fahrzeuge am Fließband. Obwohl das Unternehmen 1913 als Erfinder der Fließbandproduktion in der Automobilherstellung geradezu zu einem Synonym für Automatisierung und Fortschrittlichkeit geworden war, kamen die Geschäfte des Kölner Ford-Werks erst durch die Machtübernahme der Nationalsozialisten richtig ins Rollen. Noch vor dem Zweiten Weltkrieg lief die Produktion des B-Modells Ford V8 an, das unter dem Beinamen „Ford Köln" in die Annalen einging. Die Modernisierung nahm ihren Lauf: 1938 entstand im Kölner Werk alle drei Minuten ein Auto und der Betrieb stieß an seine Kapazitätsgrenze. Im Kriegsjahr 1943 war die Zahl der Mitarbeiter auf rund 5000 angewachsen – die Hälfte der Beschäftigten waren ausländische Zwangsarbeiter. Die Produktion litt jedoch unter den Kriegsbedingungen und erreichte 1944 mit weniger als 3000 hergestellten Kraftwagen ihren Tiefststand.

Fiesta in Niehl Trotz Energie- und Materialengpässen in der Zeit nach dem Zweiten Weltkrieg wurden im Kölner Ford-Werk bereits im Jahr 1946 wieder 4649 Lastwagen fertiggestellt und auch die Pkw-Produktion boomte: Mit dem Ford Taunus eroberte Ford endgültig den Massenmarkt. Im Lauf der Zeit passten sich auch die Produktionsmethoden dem technischen Fortschritt an, sodass sich die Produktionszeit stark verkürzte. Während am 23. Mai 1961 in Köln der einmillionste Ford vom Band lief, wurde im Jahr 1965 bereits die Dreimillionen-Marke geknackt. Heute sind bei Ford in Köln über 17.000 Mitarbeiter aus aller Herren Länder beschäftigt. Rund 1850 Exemplare des Ford Fiesta rollen in Niehl täglich vom Band, etwa 80 Prozent davon werden in 50 Länder rund um den Globus exportiert. Nach unabhängigen Studien gehört die Fertigungsanlage im Kölner Norden zu den produktivsten Automobilwerken Europas.

Zoologischer Garten

Der Tierpark erhält seine heutige Gestalt

Um 1910 Am 24. April 1856 wurde in einem Artikel in der „Kölnischen Zeitung" mit dem Hinweis auf die Zoologischen Gärten andernorts angeregt, für die Kölner Bürger ebenfalls eine solche „Quelle der Erholung, des Vergnügens und der Belehrung" zu schaffen. Oberlehrer Caspar Garthe griff 1857 diese Idee auf und rief zur Gründung der „Actiengesellschaft Zoologischer Garten zu Cöln" auf, die daraufhin ein Jahr später erfolgte. Am 22. Juli 1860 wurde der neue Kölner Zoo im beliebten Ausflugsort Riehl feierlich eröffnet. 1899 ließ Zoodirektor Dr. Ludwig Wunderlich das Vogelhaus erbauen, 1914 die Affeninsel. Der Erste Weltkrieg und die Weltwirtschaftskrise führten jedoch dazu, dass sich der Zoo aus Mangel an finanziellen Mitteln baulich nicht weiterentwickelte. Die Stadt Köln sprang in die Bresche, übernahm die Aktienmehrheit und bewahrte die Sehenswürdigkeit vor der Schließung. Allerdings wurde der Zoo im Zweiten Weltkrieg so schwer zerstört, dass er für zwei Jahre geschlossen bleiben musste. Erst 1947 wurde die wiederaufgebaute Anlage wiedereröffnet.

Erweiterung und Neugestaltung Der Ausbau zur heutigen Gestalt im Rahmen des Entwicklungsplans „zur Erweiterung und Neugestaltung des Kölner Zoos" bescherte den Zoobesuchern eine Reihe neuer Gebäude und Attraktionen: Den Anfang macht 1963 die Zooschule, die Schulklassen Anschauungsunterricht in Sachen Natur ermöglicht, 1971 folgt das Aquarium, 1984 das neue Urwaldhaus für die Affen und 1997 wurde das „Eulenkloster" für die Greifvögel fertig gestellt. Mit der Eröffnung des Regenwaldhauses im Frühjahr 2000 lässt sich heute im Kölner Zoo auch die Dschungelatmosphäre des südostasiatischen Regenwaldes erleben, und 2004 wurde der Elefantenpark eingeweiht. Heute umfasst das Areal des drittältesten deutschen Zoos gut 20 Hektar und beherbergt etwa 7000 Tiere aus 700 Arten.

Eigelsteintor

Beständigkeit im Wandel der Umgebung

Um 1925 Spätestens seit dem unter Glockengeläut und Kanonendonner erfolgten triumphalen Einzug Kaiser Napoleons I. (1769–1821) anno 1804 war den Kölnern die Symbolkraft des Eigelsteintors klar: So sahen Wehrhaftigkeit und Stärke aus. Allen Kriegen, Zerstörungen und städteplanerischen Einflüssen zum Trotz stand die Torburg seit ihrer Erbauung in der Zeit zwischen den Jahren 1228 und 1248 wacker am ursprünglichen nördlichen Zugang zur Stadt. Das einstige Stadttor Kölns wurde danach in preußischer Zeit als Militärgefängnis genutzt. In der Zeit des Abbruchs der Stadtmauer restaurierte Stadtbaumeister Josef Stübben (1845–1936) von 1889 bis 1892 die Torburg. Im Rahmen dieser Baumaßnahmen wurden auch die vergitterten rechteckigen Fenster durch mittelalterliche Schießscharten ersetzt, das östliche Gewölbe geöffnet und die Etagen über dem Tor erhielten entsprechend einer Stadtansicht aus dem Jahr 1531 wieder Doppelbogenfenster.

Touristisches Etappenziel Auch wenn sich die Umgebung ringsumher gewandelt hat: Das Eigelsteintor hat seinem Ruf alle Ehre gemacht und die Veränderungen der Geschichte überdauert. Da es auch den Zweiten Weltkrieg ohne größere Schäden überstand, konnten schon bald nach Kriegsende in der nur leicht ramponierten Toranlage die ersten Kölner Kunstausstellungen stattfinden. Bis 1963 wurde die Torburg für Ausstellungen genutzt. Nach einem zwischenzeitlichen Leerstand zog hier 1995 die „Offene Jazzhausschule" ein, die sich der Kinder- und Jugendarbeit verpflichtet hat. Seitdem können die Räumlichkeiten über dem Durchgang für Feierlichkeiten angemietet werden. In der Fußgängerzone rund um die Torburg laden heute in der Freiluftsaison Cafés und Restaurants zum gemütlichen Verweilen ein. Anstatt der Straßenbahn rollen heute vor allem Radfahrer durch das Tor. Als „kleiner Klassiker" lockt das Radrennen „Rund um den Eigelstein" an Fronleichnam jährlich bis zu 300 000 Besucher an. Als eines der drei verbliebenen Stadttore ist das Eigelsteintor auch auf allen touristischen Stadtrundfahrten festes Etappenziel.

Jahnwiese
Veranstaltungstradition mit langer Geschichte

1928 Getreu dem bekannten Wahlspruch des „Turnvaters" Friedrich Ludwig Jahn (1778–1852) „Frisch, fromm, fröhlich, frei" ging es vom 25. bis zum 30. Juli 1928 beim 14. Deutschen Turnfest auf der Jahnwiese sportlich zu. Über 300 000 Teilnehmer maßen sich in den seinerzeit typischen Körperertüchtigungswettbewerben. Bereits wenige Tage zuvor, am 22. Juli 1928, war das Denkmal für den 1852 verstorbenen Begründer der heutigen Form des Turnens unter dem Applaus Zehntausender Gäste enthüllt worden. Konrad Adenauer (1876–1967), seinerzeit Kölner Oberbürgermeister und späterer Bundeskanzler, hatte den Bau der Sportstätten rund um das 1923 im Stadtwald eröffnete Müngersdorfer Stadion vorangetrieben, um der Bevölkerung ein breites Angebot an Freizeit- und Sportflächen zu bieten.

Fußballtempel in Müngersdorf Das alte Müngersdorfer Stadion wurde im Vorfeld der Weltmeisterschaft 1974 abgerissen, der Neubau an gleicher Stelle am 12. November 1975 mit der Partie zwischen den Lokalrivalen 1. FC und Fortuna Köln eröffnet. Ein Vierteljahrhundert später war auch dieses Stadion nicht mehr zeitgemäß, und für die Weltmeisterschaft 2006 wurde von Dezember 2001 bis Januar 2004 ein modernes neues Stadion bei laufendem Spielbetrieb errichtet – eine Tribüne nach der nächsten. War das alte Müngersdorfer Stadion eine weitläufige Betonschüssel mit Tartanbahn, so ist das neue Rheinenergiestadion eine reine Fußballarena ohne große Abstände zum Spielfeld, mit steilen, zuschauerfreundlichen Rängen. Die verfügbaren 49.968 Plätze sind fast immer ausgebucht, und längst liegen Pläne in den Schubladen der Stadt und des 1. FC, um das noch jungen Stadion erheblich auszubauen und zu einem der ganz großen Fußballtempel Deutschlands zu machen.

Um 1910 Während die überwiegende Anzahl von Universitäten des spätmittelalterlichen Deutschlands ihre Gründungen der Initiative bedeutender Regenten verdanken, waren in Köln die Bürger die treibende Kraft. Die Universitätsgründung wurde 1388 vom Rat der Reichsstadt initiiert, am 6. Januar 1389 wurde der Vorlesungsbetrieb aufgenommen. Gut 450 Jahre lang gehörte die Hochschule mit bis zu 1000 eingeschriebenen Studenten zu den größten Universitäten Europas, bevor sie 1789 durch die Franzosen geschlossen und in eine Zentralschule umgewandelt wurde. Alle Bestrebungen der Stadt und der Bürgerschaft, eine neue Universität zu etablieren, blieben zunächst erfolglos. Erst 1919 konnte der Rat der Stadt Köln unter dem damaligen Bürgermeister Konrad Adenauer (1876–1967) die Universität mit Genehmigung der preußischen Regierung neu gründen. Aus dem Zusammenschluss der Handelshochschule, der Hochschule für kommunale und soziale Verwaltung und der Deutschen Akademie für praktische Medizin entstand wieder eine Universität auf Kölner Boden. In der Übergangszeit bezog die neue Hochschule das 1907 errichtete Gebäude der Handelshochschule (Bild), das heute von der FH Köln genutzt wird.

Bauliche Erweiterung Am 2. November 1934 öffneten sich Tore zum schlichten Neubau des Universitätsgebäudes im Inneren Grüngürtel von Köln-Lindenthal. Die Universität wurde zwar durch Luftangriffe im Zweiten Weltkrieg schwer beschädigt, nahm jedoch bereits 1945 den Vorlesungsbetrieb wieder auf. Die Kosten für den Wiederaufbau überstiegen allerdings die Möglichkeiten der Stadt, unter deren alleiniger Trägerschaft die Universität noch weitere acht Jahre stand. Mit Wirkung zum 1. April 1954 stellte sich das Bundesland Nordrhein-Westfalen zunächst teilweise, ab 1960 völlig in die Verantwortung. Nach vierjähriger Bauzeit wurden 1960 ein achtgeschossiges Seminar- und Bürohochhaus sowie Hörsaal- und Seminartrakte für die wirtschafts- und sozialwissenschaftliche Fakultät eingeweiht. Der neuen Universitätsbibliothek folgten in knapp 10 Jahren von 1966 bis 1975 die Erweiterung des Albertus-Magnus-Platzes, die Modernisierung und der Ausbau des Universitätsklinikums und es entstanden Institute der Physik und der Chemie sowie ein Neubau für die Zentralmensa. In der Folgezeit explodierte die Zahl der Studenten und erreichte 1999 mit mehr als 63 000 ihren Höchststand. Auch wenn ihr diesbezüglich inzwischen die Münchener Ludwig-Maximilians-Universität knapp den Rang abgelaufen hat, belegen 49.772 Immatrikulierte im Wintersemester 2014/15 nach wie vor eindrucksvoll die Anziehungskraft sowohl der Universität als auch der Stadt Köln.

Synagoge

Neuaufbau nach Pogrom und Krieg

Um 1909 Die Ursprünge der Jüdischen Geschichte in Köln lassen sich durch Zeugnisse und Denkmäler bis ins Jahr 321 zurückverfolgen. Damals verfügte Kaiser Konstantin der Große (um 275–337), dass auch jüdische Bürger in die „curia", die Verwaltung des römischen Köln, gewählt werden konnten. Erst ab Mitte des 19. Jahrhunderts widmeten sich die Kölner Stadtschreiber jedoch der jüdischen Glaubensgemeinschaft ausführlicher. Die 1861 entstandene Hauptsynagoge in der Glockengasse bot Ende des 19. Jahrhunderts der auf 8000 Mitglieder angewachsenen Gemeinde nicht mehr genug Platz. Die Kölner Architekten Emil Schreiterer (1851–1923) und Bernhard Below (1854–1931) initiierten daraufhin an der Roonstraße einen Neubau in neo-romanischem Stil, dessen feierliche Einweihung am 22. März 1899 stattfand. Nach der Reichspogromnacht am 9. November 1938 legte schließlich der Bombenhagel des Zweiten Weltkrieges das stark beschädigte Gebäude völlig in Schutt und Asche.

Neues religiös-kulturelles Zentrum In den Nachkriegsjahren setzte sich Konrad Adenauer (1876–1967) dafür ein, dass die Synagoge wieder aufgebaut wurde. Doch erst am 20. September 1959, nach zweijähriger Bauzeit unter der Leitung des Architekten Helmut Goldschmidt (1918–2005), konnte die Synagoge wieder eröffnet werden. Die Veränderungen an der dreibogigen Portalanlage und der großen Giebelfassade mit mittig angeordneter Fensterrosette blieben im Wesentlichen gering. Vereinfachungen im Innenraum dienten dem Zweck, die neue Synagoge mit Bibliothek, Theaterraum und Restaurant als Zentrum des religiösen und kulturellen jüdischen Lebens in Köln zu etablieren. Nach Kriegsende fristete die stark dezimierte Glaubensgemeinschaft jedoch lange Zeit ein Schattendasein, und erst mit der Zuwanderung von Aussiedlern jüdischen Glaubens aus der ehemaligen Sowjetunion seit 1990 erhöhte sich die Zahl der Gemeindemitglieder wieder auf heute rund 5000 Angehörige.

Flughafen Köln/Bonn

Tor zur Welt

1930er-Jahre Auch wenn die Chronik des Köln-Bonner Flughafens am südöstlichen Stadtrand von Köln erst im Jahr 1939 mit der Anlegung eines Fliegerhorstes auf einem Artillerie-Schießplatz in der Wahner Heide beginnt, reichen, streng genommen, die Ursprünge bis ins Jahr 1906 zurück, als sich der „Kölner Klub für Luftschiffahrt" gründete. Nach Ende des Zweiten Weltkrieges vergrößerten die Besatzungsmächte den Platz, legten eine Startbahn von insgesamt 1,8 Kilometern Länge an und errichteten mehrere Hallen und einen Kontrollturm. 1949 fanden erste Gespräche über einen zivilen Flughafen statt, über den die damalige Bundeshauptstadt Bonn, die Wirtschaftsmetropole Köln und ihr Großraum an das internationale Luftverkehrsnetz angeschlossen werden sollten. Mit Erhalt der Lizenz für die vorerst einjährige Nutzung aller Einrichtungen des Flughafens durch die zivile Luftfahrtbehörde wurde 1950 die „Köln-Bonner Flughafen Wahn GmbH zu Porz" gegründet.

10 Millionen Passagiere Mit Jahresbeginn 1951 wurde der tägliche Flugverkehr auf den Linien London – Köln/Bonn – Berlin aufgenommen. Starts und Landungen waren allerdings auf acht Bewegungen pro Tag beschränkt. Heute werden von 60 Fluggesellschaften insgesamt 130 Flugziele in 39 Ländern angeboten, darunter auch seit 11. Mai 2006 die Langstrecke mit Ziel New York Newark. Starts und Landungen werden auf mittlerweile drei Bahnen, darunter auch die 3,8 Kilometer lange Interkontinentallandebahn, abgewickelt. Im Dezember 2007 zählte der Flughafen den 10-millionsten Passagier und konnte einen neuen Rekord feiern. Insgesamt können aktuell in den beiden Terminals jährlich bis zu 14 Millionen Fluggäste abgefertigt werden, Tendenz steigend. Im Jahr 2006 war der „Airport Köln/Bonn – Konrad Adenauer", wie er offiziell heißt, nach vielen und insbesondere umfangreichen Modernisierungs- und Erweiterungsmaßnahmen der viertgrößte Flughafen in Deutschland.

Wahner Heide

Ein Truppenübungsgelände wird zum Naturschutzgebiet

Um 1870 Schon im Königreich Preußen wurde ein Teil der Wahner Heide als Truppenübungsgelände militärisch genutzt. Gegen den Willen der umliegenden Gemeinden baute man im Lauf der Zeit den Militärstandort weiter aus. Angrenzende Fläche wurde sowohl hinzugekauft als auch durch Enteignung für das Militär nutzbar gemacht. Das Offizierskasino wurde im Jahr 1871 errichtet, neun Jahre später das Felddepot. 1870 wurden in der Wahner Heide französische Kriegsgefangene, wie hier auf der Fotografie aus dem Berliner Archiv für Kunst und Geschichte zu sehen, in einem Barackenlager untergebracht. Für die Bevölkerung brachte der Truppenübungsplatz in dieser Zeit große Belastungen in sozialer und finanzieller Hinsicht mit sich, denn es war seinerzeit selbstverständlich, dass Anwohner für die Unterbringung und Verpflegung der Soldaten zu sorgen hatten.

Folgen militärischer Nutzung Ein Flugzeug überfliegt die Wahner Heide und landet auf dem Flughafen Köln-Bonn, der vom Naturschutzgebiet Wahner Heide fast völlig umschlossen wird. Den Status als Naturschutzgebiet erhielt die Gegend schon 1931. Mit einer Größe von 3700 Hektar ist es das zweitgrößte Naturschutzgebiet Nordrhein-Westfalens. Zwischen Köln und dem benachbarten Troisdorf sind rund 700 gefährdete Tier- und Pflanzenarten in diesem Areal beheimatet, in einer vielfältige Landschaft mit Mooren und Bruchwäldern, Dünen und Heidelandschaft, kleinen Teichen und Bachläufen. Zwar verursachte der Militärbetrieb im Lauf der Zeit einerseits ökologische Schäden durch die Trockenlegung und Zuschüttung von Feuchtgebieten, andererseits hat das Sperrgebiet auch die Ausdehnung von Wohnungs- oder Gewerbebauten auf die Heidefläche verhindert. Das Gebiet wird heute zwar immer noch militärisch genutzt, inzwischen ist es aber in weiten Teilen auf markierten Wegen auch der Öffentlichkeit zugänglich.

Register

Bildnachweis

Für die Bereitstellung von Bildmaterial zur Verwendung in diesem Buch dankt der Verlag der Bildagentur picture alliance.

pa•picture alliance

Seite 2 picture-alliance/dpa/Boris Roessler **6** picture-alliance/dpa/Hermann Wöstmann **8** picture-alliance/akg-images/Hilbich **10** picture-alliance/akg-images **11** picture-alliance/dpa/Felix Heyder **12** picture-alliance/akg-images **13** picture-alliance/akg-images/Rainer Hackenberg **14** picture-alliance/akg-images **15** picture-alliance/dpa/Oliver Berg **16** picture-alliance/akg-images **17** picture-alliance/dpa/Horst Ossinger **18** picture-alliance/akg-images **19** picture-alliance/dpa/Horst Ossinger **20** picture-alliance/dpa/Hannes Hemann **21** picture-alliance/dpaweb/Alexander Rüsche **22** picture-alliance/dpa/Wilhelm Leuschner **23** picture-alliance/Bildagentur Huber/Gräfenhain **24** picture-alliance/akg-images **25** picture-alliance/kpa/Aquila/Walter Allgöwer **26** picture-alliance/akg-images **27** picture-alliance/dpa/Horst Ossinger **28** picture-alliance/akg-images **29** picture-alliance/dpa/Horst Ossinger **30** picture-alliance/akg-images **31** picture-alliance/dpa/Horst Ossinger **32** picture-alliance/dpa/Heinz Ducklau **33** picture-alliance/Westend61 **34** picture-alliance/Bundesarchiv/Bild121-1334 **35** picture-alliance/dpa/Horst Ossinger **36** picture-alliance/Bundesarchiv/Egon Steiner/B145Bild-F008719-0003 **37** picture-alliance/Bildagentur Huber/Gräfenhain **38** picture-alliance/Bundesarchiv/Bild121-1337 **39** picture-alliance/dpa/Horst Ossinger **40** picture-alliance/Bundesarchiv/ Bild183-R95679 **41** picture-alliance/dpa/Horst Ossinger **42** picture-alliance/dpa/Hannes Hemann **43** picture-alliance/dpa/Horst Ossinger **44** picture-alliance/akg-images **45** picture-alliance/HB-Verlag/Jörg Axel Fischer **46** picture-alliance/akg-images **47** picture-alliance/Bildagentur Huber/Kornblum **48** picture-alliance/akg-images/Paul W. John **49** picture-alliance/kpa/Aquila/Walter Allgöwer **50** picture-alliance/dpa/Oliver Berg **52** picture-alliance/akg-images **53** picture-alliance/dpa/Horst Ossinger **54** picture-alliance/Bundesarchiv/Bild183-2008-0312-502 **55** picture-alliance/dpa/Horst Ossinger **56** picture-alliance/akg-images **57** picture-alliance/dpa/Horst Ossinger **58** picture-alliance/akg-images **59** picture-alliance/dpa/Horst Ossinger **60** picture-alliance/akg-images **61** picture-alliance/dpa/Horst Ossinger **62** picture-alliance/Bundesarchiv/Bild146-1985-118-21 **63** picture-alliance/Arco Images GmbH **64** picture-alliance/Bundesarchiv/Bild121-1339 **65** picture-alliance/dpa/Horst Ossinger **66** picture-alliance/Bundesarchiv/Bild146-2008-0099 **67** picture-alliance/dpa/Horst Ossinger **68** picture-alliance/akg-images **69** picture-alliance/dpa/Oliver Berg **70** picture-alliance/Textilwirtschaft/Chris Rügge **72** picture-alliance/akg-images **73** picture-alliance/dpa/Oliver Berg **75o** picture-alliance/Bundesarchiv/Bild121-1336 **75u** picture-alliance/dpa/Horst Ossinger **76** picture-alliance/Bundesarchiv/Bild183-V06736 **77** picture-alliance/dpa/Horst Ossinger **78** picture-alliance/akg-images **79** picture-alliance/dpa/Horst Ossinger **80** picture-alliance/dpa/Horst Ossinger **81** picture-alliance/Helga Lade/Ott **82** picture-alliance/Bundesarchiv/Rolf Unterberg/B145Bild-F001115-0001 **83** picture-alliance/dpa/Roland Scheidemann **84** picture-alliance/akg-images **85** picture-alliance/dpa/Horst Ossinger **86** picture-alliance/akg-images **87** picture-alliance/dpa **88** picture-alliance/Bundesarchiv/Egon Steiner/B145Bild-F021298-0006 **89** picture-alliance/dpa/Horst Ossinger **90** picture-alliance/akg-images **91** picture-alliance/dpa/Horst Ossinger **92** picture-alliance/akg-images **93** picture-alliance/dpa/Horst Ossinger **94** picture-alliance/Bundesarchiv/B145Bild-F003814-0002A **95** picture-alliance/Bildagentur Huber/Gräfenhain **96** picture-alliance/Bundesarchiv/Bild146-2008-0035 **97** picture-alliance/dpa/Roland Scheidemann **98** picture-alliance/akg-images **99** picture-alliance/dpa/Horst Ossinger **100** picture-alliance/akg-images **101** picture-alliance/dpa/Horst Ossinger **102** picture-alliance/kpa/Aquila **104** picture-alliance/akg-images **105** picture-alliance/Bildagentur Huber/Gräfenhain **106** picture-alliance/Bundesarchiv/Bild102-18302 **107** picture-alliance/dpa/Oliver Berg **108** picture-alliance/dpa/Hannes Hemann **109** picture-alliance/dpa/Oliver Berg **110** picture-alliance/Bundesarchiv/Bild183-2005-0821-500 **111** picture-alliance/Sven Simon **112** picture-alliance/dpa/Roland Scheidemann **113** picture-alliance/Bildagentur Huber/F. Damm **114** picture-alliance/akg-images **115o** picture-alliance/dpa/Hartmut Reeh **115u** picture-alliance/ZB/euroluftbild.de **116** picture-alliance/dpa **117** picture-alliance/dpa/Oliver Berg **118** picture-alliance/Bundesarchiv/Engelbert Reineke/B145Bild-F039210-0005 **119** picture-alliance/dpa/Federico Gambarini **120** picture-alliance/akg-images **121o** picture-alliance/dpa/Dana Richard Koll **121u** picture-alliance/dpa/Horst Ossinger **122** picture-alliance/akg-images **123l** picture-alliance/dpa **123r** picture-alliance/Arco images **124** picture-alliance/akg-images **125** picture-alliance/dpa/Horst Ossinger **126** picture-alliance/dpa/Martin Athenstädt **127** picture-alliance/dpa/Horst Ossinger **128** picture-alliance/dpa/Horst Ossinger **129** picture-alliance/dpa/Roland Scheidemann **130/131o** picture-alliance/akg-images **131u** picture-alliance/dpa/Horst Ossinger **132** picture-alliance/Bundesarchiv/Bild121-1342 **133** picture-alliance/dpa/Horst Ossinger **134** picture-alliance/akg-images **135** picture-alliance/dpa **136** picture-alliance/akg-images **137** picture-alliance/Westend61 **138** picture-alliance/dpa/Ronald Wittek **140** picture-alliance/dpa/Werksfoto Ford **141** picture-alliance/dpa/Oliver Berg **142** picture-alliance/dpa/Fotoreport Ford **143** picture-alliance/dpa/Roland Scheidemann **144** picture-alliance/akg-images **145** picture-alliance/dpa/Horst Ossinger **146** picture-alliance/akg-images **147** picture-alliance/dpa/Horst Ossinger **148** picture-alliance/akg-images **149** picture-alliance/dpa **150** picture-alliance/akg-images **151** picture-alliance/dpa **152** picture-alliance/akg-images **153** picture-alliance/dpa/Hermann Wöstmann **154** picture-alliance/Bundesarchiv/Bild183-S28276 **155** picture-alliance/dpa/Roland Scheidemann **156** picture-alliance/akg-images **157** picture-alliance/dpa/Oliver Berg

Verlag und Redaktion bedanken sich ganz besonders bei Tanja Göbl und Ellen Hansmann für die unermüdliche Unterstützung bei der Bildredaktion zu diesem Buch.